「ちゃんとしなきゃ！」をやめたら

二度と散らからない部屋になりました

なぎまゆ
Nagimayu

プロローグ

こんにちは
はじめまして
なぎまゆと
申します
元・片付けられない
人間です…
ぐ
ちゃ…
今はごく普通に
片付けられる人
だと思います
キラッ
子どもの頃は
親に怒られるたび
いい加減
片付け
なさいっ!!
えー
今取り込み中
なのに…
大人になってからは
友人を部屋に招くたび
明日
行くねー
う…うん
「ちゃんとしなきゃ!」と
その時だけキレイにして
取り繕っても
ぎゅう
ぎゅう
その後すぐに
リバウンド…
ズーン…

何故 私はきちんと出来ないんだろう
何故 私はこうなってしまうのだろうと
ずっと思っていました
しかしそれなりに長く生きていると
几帳面な人は何をするにも所作が丁寧なことに気づきます
統一された小物
手入れされた植物
物はすべて直角に置かれてる
そして何度トライしても「大雑把」である自分が「几帳面」な人と同じにはなれませんでした
特に難しいことはしてないハズなのに
毎度こうなる
ぐちゃ…
それならば必要なのは几帳面な人と同じになる「努力」ではなく大雑把な私でも片付いていられる「工夫」ではないか
そう思うようになったのです
そしてそれに気づいて実行した時
私は普通に片付けられる人になっていました
詳しい話はまた後ほど…

そんな私が
縁あって友人の家を
片付けることに
なったのですが
それは捨ててー
はいよー
彼女の部屋を
片付けている時に
思ったことは
「こうなってしまう気持ち
すごくわかる…」
という共感の気持ちでした
友人と同じく
片付けが苦手だった
時期のこと
ちゃんとしなきゃと
思っているのに
出来なかったこと
そんな自分でも
片付けられるように
なったこと
片付けてる最中に
色々な思いが
こみ上げてきました
そして
この経験や
片付けに対する
考え方を
漫画にしてみたい
そういう
気持ちに
なりました
それを友人に話したら
快く漫画化を
許可してくれたので
片付け実録という形で
漫画にすることが
出来ました
本当に
感謝しています
それでは
長くなりましたが
次から始まる
片付け漫画を
読んでやってください

Contents

友人・Aさんの場合

片付けを手伝うきっかけ

じゃあ片付けるの手伝おうか？
えっ
こんな機会でもないとなかなか会えないしね
物たくさん捨てるとか楽しそう
片付け番組とか好き
ほ ほんとですか⁉
じゃあよろしくお願いします！
一部屋に3人がかりなら早く終わるよね
後で来ることになった友人B
終わったらご飯しよ～
ガタン
ゴトン…
ようこそ我が実家に！
ドン
★
友人A
お二人が来る前に自力で多少物は減らしておきましたんで！
へ～じゃあ今日は再収納するのが中心って感じ…
いらっしゃい
お母さん

ちょっとまだ荒れてるんですけど〜
じゃなかった。。
おおおお…
……
→足が入れられない
ヒィイイイ
ビクッ
じっ
ロフト←

さっきすでに「ものを減らしておいた」って言ってたけど…？
ああ ハイ！
「本」と「衣類」だけは必要な分だけ残してあとは捨てました！
ココ
メインを整頓済みなのにこの状況…
じゃあ早速始めましょうか！
タイムリミットはあと5時間…
降りられなくてとまどう猫
（他の部屋に移動）
果たして無事に片付くのか
何これ猫のフン!?
ズ
あ～さっきマタタビがこぼれただけです～
拾って

無限に出てくる封筒地獄

※この作業を終わるまで繰り返す

……ねえ
何で
FAXも書類も落書きも
全部封筒に入ってるの？
びっしり…
物によっては
一枚しか
入ってないのとか
ザラにあるし…
意味ある？
あー
「封筒に入れて片付ける」
みたいな記事を読んで
やってみたんですけど
これだ!!!
手当たり次第
封筒に分けて入れてたら
ワケわからないことに
なっちゃって
書類
切り抜き
書き②
落書き①
FAX
途中で
何か違うな〜と思ったけど
引き返す体力もなくて
面倒になって
クローゼットに
押し込んだら
このザマです
ガク
ア
ハハ
あ そうそう
……

子供の頃に
ノートに連載してた漫画で
唯一完成させた物が
あってですね
たしか5冊くらい
あったんですけど
へえ〜
残しておきたいので
絶対に捨てないように
お願いします
えっ…
「ノート5冊」を
この部屋の中から
見逃さないように
救出しろと…？
無茶言いよる…
わ〜
お手玉の中の小豆が
虫に食われて
粉になってますぅ〜
怖すぎる
よーし
とりあえず
ダンボールの中の
封筒の処理は
全部終わったよ〜
空いた大量の
ダンボール
ものすごい量の封筒と
紙の山
残す物
(ちょっぴり)
ありがとう
ございます〜
これでやっと
衣類の整頓に…
ブル
ブル
ハァ
ハァ
衣装ケース

ズ
ル
ッ
封筒
ここにも封筒の山があぁ
あすいません
クローゼットの中ほぼ全部「紙」です
服は入ってないです
ちょっ…
後で聞いたところ捨てた「紙」(本や雑誌は一切抜き)だけで「100kg」は軽く超えていたそうです…
思い出のノート等取っておきたいけど年1も使わない物はなるべくコンパクトにして収納するといいと思います
普段使う物は手前に、
使わない物程奥に収納する。
思い出
ラベルを必ず貼る
これから増えることも考えて収納には余裕を持たせましょう
次回
友人Bが12個目のホチキスを掘り当てる
ああああああ掘っても掘ってもホチキスが出てくるゥウ
ちなみにノートはなんとか見つかりました
あったどォオォ
どうもー

片付け中でも遊んでほしい猫

私の周りの猫飼いには、評判のいいおもちゃです

残す物を
厳選し
それを
大切にしていく
まんが
ノート
1
思い出

「必要かどうかわからない」
「今 捨てるかどうか決められない」

という物ほど
「とりあえず全部クローゼットへ…」
となりがちです。

しかしそういう物ほど
クローゼットに入れた瞬間
「死蔵品」になってしまいます。

クローゼットは
死蔵品を入れる場所ではなく
必要な物、残す物を入れる場所です。

今回は残す品を厳選し
「思い出の品」として収納し直しました。

判断の迷う物ほど
取り出しにくい場所や、目につきにくい場所に
入れてしまうのを避けましょう。

文房具が増える理由

文房具置き場は
机に1種類ずつ1箇所
ストックも1箇所に留める
ペン立てとか
引き出しとか
置き場所が複数あると
どこに何があるか把握しづらいので同じ物が増える
部屋を掃除しているとあるあるなこと
それは
無限に出てくる文房具…
ホチキス…12個目出てきた…
フフフ…
用途が違うとはいえこんな数必要ないよねえ
中とじ用
針なしのやつ
普通のやつ
大針用
普通の
私もこんなにあるって知らなかったです～
でもこれは結構わかる

文房具って意識してないと増えやすいんだよね
手軽に手に入るので余分に買いやすい
どうせ必要になるしもう一個買おう、とか
色んな商品があって誘惑されやすい
コラボ
限定
コンプ買い
とか
そして部屋が散らかってる場合更に
部屋の中で行方不明になる
見つからないので新たに買う
結果 同じ物をいくつも持つことになる
なーるほど
ガーン
だから私の部屋にはボールペンの替芯が50本もあったんですね～
※他にハンコとカッターの替刃とホチキスの芯とシャーペンの芯が山のように出てきた…
ザラッ
いや50本はすごい方だと思う
孫子の代まで買わなくて済むね

文房具は「今使ってる物」を1つずつ机に出して
よく使うモノ 1種ずつ
それ以外は一箇所に収納するの
ストック or 普段使わないモノ
出してるのを使い切ったらストックから1つだけ出す
インクが切れたら
一つだけ出す
そうすれば ひと目で在庫がわかるし探さなくていいから
なーるほど〜
じゃあ さっそく机の分を抜いた文房具たちをストックケースに…
よいしょ
さっ
?

①片付けとは
②「使えない物」と「使わない物」を捨てて
③収納し直すことである…
ケースに収納するのは
書けない物 かすれる物 使わない物 使えない物 使い勝手が悪い物を
全部捨てた後だよ
ハイ…
ズーン…
1つずつ試し書き等で吟味した結果
これも書けないです
そもそも壊れてるし
これも捨てだね～
半分以下の量にすることに成功
次回 黒い衣類の呪い
黒いと靴下なのか服なのか肌着なのかわからなくなるんですよね～
あるあるだね…

小さくて可愛いノートがたまる理由

行方不明だった年金手帳

性格に合わせた衣類収納

Aさんは服を畳むのどの程度なら出来そう？
服ですか？う〜〜ん…
ぴっ
えーと…こうきて
おりっ
こうなって
おりっ
こう
この程度ならなんとか…
本当にざっとですケド
オッケー
じゃあこれをこんな感じで入れていこう
上から全部見えるように
ぎゅ
ぎゅ
そんなんでいいんですかね？
ん？

なんかテレビとかだと
衣類は立てて入れるとたくさん入るし見やすいし出し入れしやすい！
色をグラデーションになるように並べるとキレイ！
みたいな感じだったから
うーん
それが毎日ずーっと出来るならいいんだけど
Aさんの性格上それは結構ハードルが高いと思うんだよ
元々はたたまないツボラーなワケで(壺)
几帳面な人はキレイに畳みキレイに出し入れすることが苦にならない
店頭のたたみ方的な
しかし
大雑把な人はキレイに畳むのがおっくうだったり
少しつまずくと入れることすらしなくなったりする
この服どうやったらキレイにたためるんだ？
どこに入れたらグラデーションになるんだ？
いいや後でやろう
ペショ

だから収納場所を
すぐ見つけて
すぐしまえるように
オフ
オン
オン
オン
オフ
オフ
出し入れしやすい位置に
オンシーズンの服を入れて
出し入れしにくい位置に
オフシーズンの服を入れる
季節が変わったら
引き出しごと入れ替える
そしてラベルを貼って
ひと目で中身が
わかるようにする
冬
Tシャツ
パンツ・スカート
同種類のモノは
一ケ所にまとめる
服の出し入れって
毎日のことだから
考えなくても
片付けられる環境を
作った方がいいよ
Tシャツは
ここー
ボー…
なーるほど～

黒い衣類の呪い

問題は
この黒い衣類たち
積み上げると
何が何やら…
ズン…
うーん…
黒い衣類は
こうやって入れても
何がなんだかって
感じですね
一度 種類を
わけてみよう
ようかんの
ようだ…
こうして見たら
ヒートテック
多いね
こんなに
あったんですね～
黒い衣類って
数を把握しにくいから
どんどん増えるんだよね
この場合は面倒でも
引き出し内をタグ分けする
ちゃんとした
ケースやネームタグが
あればいいけど
今はこれで…
おお～！
これならたしかに
迷わないですね
タイツ
ストッキング
くつした
ズラッ

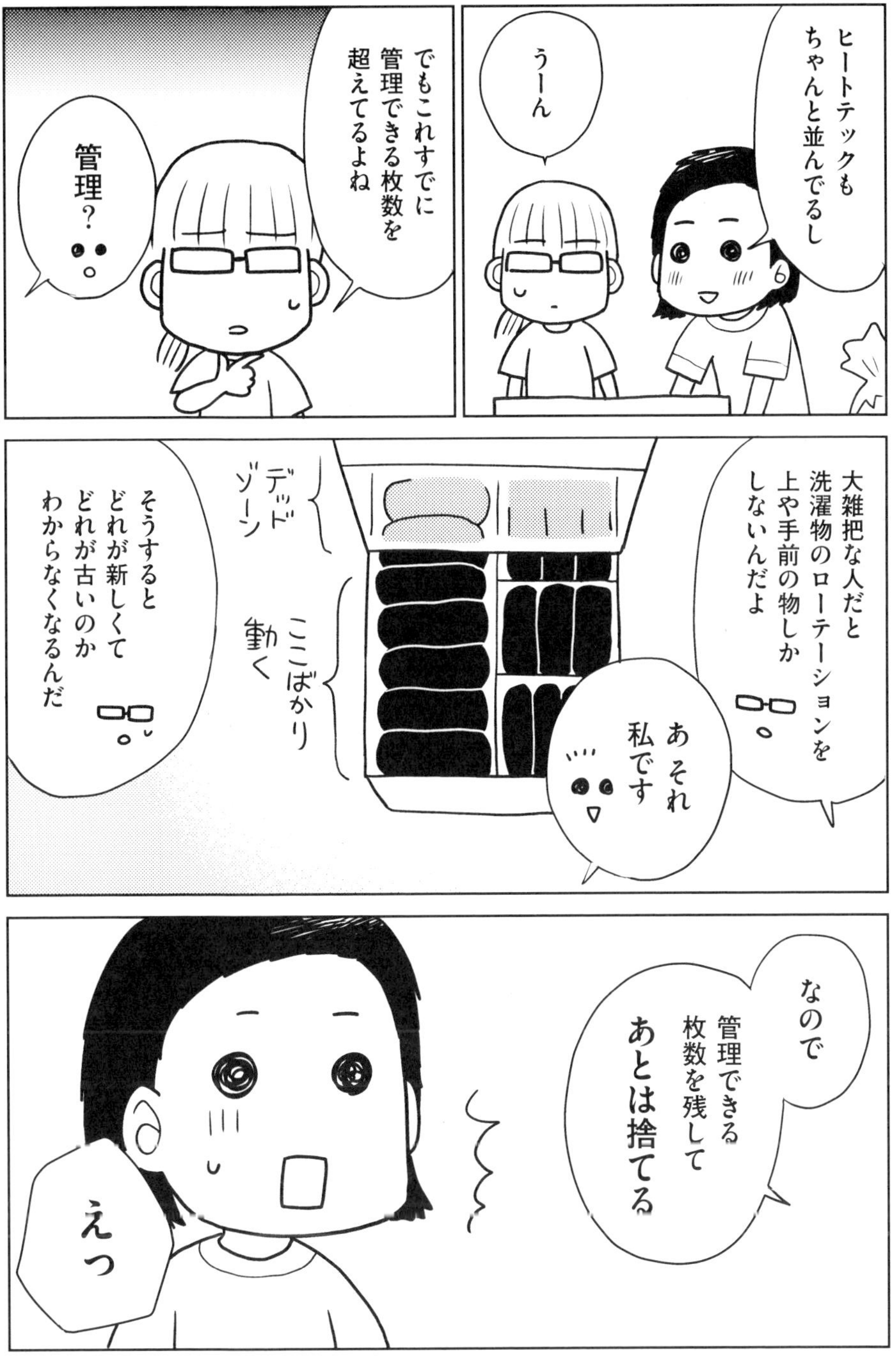
ヒートテックも ちゃんと並んでるし
うーん
でもこれすでに 管理できる枚数を 超えてるよね
管理？
大雑把な人だと 洗濯物のローテーションを 上や手前の物しか しないんだよ
あ それ 私です
デッド ゾーン
ここばかり 動く
そうすると どれが新しくて どれが古いのか わからなくなるんだ
なので 管理できる 枚数を残して あとは捨てる
えっ

それは流石に
もったいないような…
絶対使うし……
だったら
管理できる枚数を残して
あとはストックにするかな
取り出しにくい
奥をストックにして
手前のが古くなったら
出すといいかも
使う
ストック
自分の性格を
利用するわけですね
ポン
うむ
後日談
着替える時
服を探すのに
すっごい時間
かかってたんですけど
2分で
着替えられるように
なりました〜
よかったよかった
片付けに
必要なのは
几帳面な人になる
努力ではなく
自分の性格にあった
収納環境を作る工夫だと思う

片付け中はすぐ物が出てこない

片付け終盤に発生する問題

でも残りはここ1箇所だし
まとめたゴミを捨てて売る物を売りに行けば完了だよね
はいっ!
っっっ
今日は本当にありがとうございました!
間にあうといいねー
頑張ってー
ハーイ
はあ…もうちょっと時間があれば最後まで行けたんだけどな〜
ガタン
ガタン
リミット5時間だしね〜
ちなみに5時間後にいとこが来るのではなく
私たちがいられるのが5時間なのでした
ややこしくてすいません
いとこが来るのは丸一日後です
誤解されてる方がいたので
帰宅
ただいま〜
ピロリン♪
ん?
どうしましょう
ぐっちゃあ
オイイイイイ

あれから棚の物を引っ張り出してだいたいは片付いたんですけど
ほとんどここも紙なので片づけやすい
いる いらない
♪ ♪
ひょい ひょい
細かい物が何故か片付かないんですよ
ごちゃ ごちゃ
なるほど
多分それ物の住所を決める体力が残ってないんだと思う
片付けが終盤に近づいてくると
どのジャンルに属すのかよくわからない細かい物が残りがち
疲れてる頭でそれらの住所を決めるのは難しい
※逆に言うと決まっていれば戻せるのでものにはそれぞれ住所が必要
えーとこれは机の引き出し…?
それともクローゼット…?

※今回は時間がないのでやむなくです。
残したものは、後で住所を決めないと、物が行方不明になります。

えーと
いるものは
これと
これと…
サッ
サッ
そうじゃなくて
今その場にある物
全部なくなるまで
動いちゃダメ
はぁ
ピタ
あっちこっち動くと
判断しにくい物を
無意識に後回しにするから
これはいる!
…。
これもいる!
なるほど
判断疲れすると思うけど
その場が空っぽになるまで
次の場所に行かないで
いる
いらない
売る
いる
頑張れ
頑張れ
ザッ
ザッ
いらない…?
いらない…
いる…?
いる
売る…?
ゼー
ゼー
もうちょっとだ
頑張れ頑張れ(遠隔応援)
頭が疲れてくる↑

今度はガチで
本当にすべて片付きました…
バタッ
おめでとう〜〜
紙だらけだったクローゼットは
服を入れてもまだ余裕があります
スッキリ
本以外の物だらけだった本棚は
ちゃんと本が収納されました
スッキリ
物だらけだった床は
なんということでしょう
大の字で寝転がれて猫が走り回れる空間になりました
ぶぎゅ
う

いやー 私 前の家は もっと物があったし もっと汚かったので
この部屋はむしろ マシな方だと 思ってたんですが
マジか
私の部屋って ハードル上げたら ほとんどゴミだったんですね…
言い方…
その後 無事に いとこを 迎えることが出来
ちわー
いらっしゃーい
壁に貼りっぱなしの 年金手帳を突っ込まれ
何でカベに はってあんの？
忘れてた
同じく 片付けが苦手な家族も 感化されて片付けを 始めるようになった ということです
私も 片づけようかしら
マジか!?
HAPPY END
次はちょっと 自分語りを させてください～

そういえば　ここより
本棚を一番
片付けたかったんでした〜
ポイ
それ本棚の片付けの
途中でも同じこと
言うと思うぞ
ここが終わって
からな

大掛かりな片付けは
精神的にも肉体的にも大変なので
「出来ればこの状況から逃げたい」
と思うのが普通です。

人間は面倒なことに
集中しづらい習性があるので
「要不要を判断する作業」を
終えるためには

「片付けが終わるまで
その場から動かない」

という単純なようで実は難しい
ルールを守る必要があるのです。

片付けの持論を持ったきっかけ

私自身
割と長い期間
片付けは
どちらかというと
苦手な方でした
整理したとしても
雑然としている
収納が意味なく
点在している
使わない物や
使えない物は当然混在
床に放っていた
CDケースを踏んで割った
こともあるし
ひっ
ピキ
ガシャッ
物をなくして
二度買いすることも
しょっちゅうでした
あー
持ってたのか…

ある日
友人宅にお邪魔した
時のこと
いらっしゃい〜
こんにちは
いつ来ても
キレイにしてるねぇ
物が見えてる
状態が苦手でね〜
何でも収納して
おきたいんだ
そっか〜
でもいつも使う物って
出したままの方が
楽じゃない？
うーん…
私は見えてる状態にするなら
手間がかかってもいいって
思うかも
キッチンの見える所に
何も出てない
へぇ〜
そうそう
前に買ったって
言ってた
服なんだけどさ〜
あ
みたい〜

えーと…
カラ
上に着る服は
ここに入れてあって…
ズッ
たしか
ここに…
あった!
出して
他のは
しまって
トン

はい
……
?
どうかした?
?
なんでも
ない…
ありがとう
一見
なんてことはない
光景ですが
私には
衝撃でした
もしもこれが
私だったら
えーと
どこに入れたっけ
ガサ
ガサ
あー
あったあった
ぐい〜
よっと
グシャ
めちゃくちゃ
想像出来る…

そうか…
?
私と彼女は根本的に性格が違うんだ…
彼女の性格は「几帳面」で「景観へのこだわりが強い」
一つ一つの動作が丁寧で
きちんと並んでないと気が済まない
景観のためならよく使う物すら都度出し入れするのが苦にならない
こういう生活感は出るモノは一切見えていたくない
使うたびしまう!
私の性格は「大雑把」で「忘れっぽい」
よく使う物までしまってしまうと
出し入れが面倒になって続かない
そもそも一度しまうとどこにしまったかすぐ忘れる
使ったら毎回ちゃんとしまうぞ!
フン フン
あちゃー
ぐちゃ…
?
どこ入れたっけ

つまり
他人と自分は
性格も生活も
まったく違うのに
○○みたいに
ちゃんとしなきゃ！
と思うから
失敗してたのか…
彼女みたいに
雑誌みたいに
すればきっと…
ステキなインテリア
ブル
ブル
開け閉めするのが
メンドくさい
雑貨も
ホコリがメンドくさい
ここで私はようやく
「自分にあった
片付け方をしない限り
永遠に片付かない」
ということに
気づいたのでした
?
その後の行動
まずは
すべての持ち物を
引っ張り出して
「不要な物」を
徹底的に捨てて
「必要な物」だけを残し
不要品を捨てるのは大変だが
不要品に場所や労力をさくのは
もったいない
それらを
収納する際に
「○○のように」
ではなく
「大雑把」で
「忘れっぽい」私でも
片付いた状態が
維持できるかどうかに
こだわりました
取り出しやすく
しまいやすい工夫
しまっても
忘れない工夫
ほっといても品質を
維持する工夫

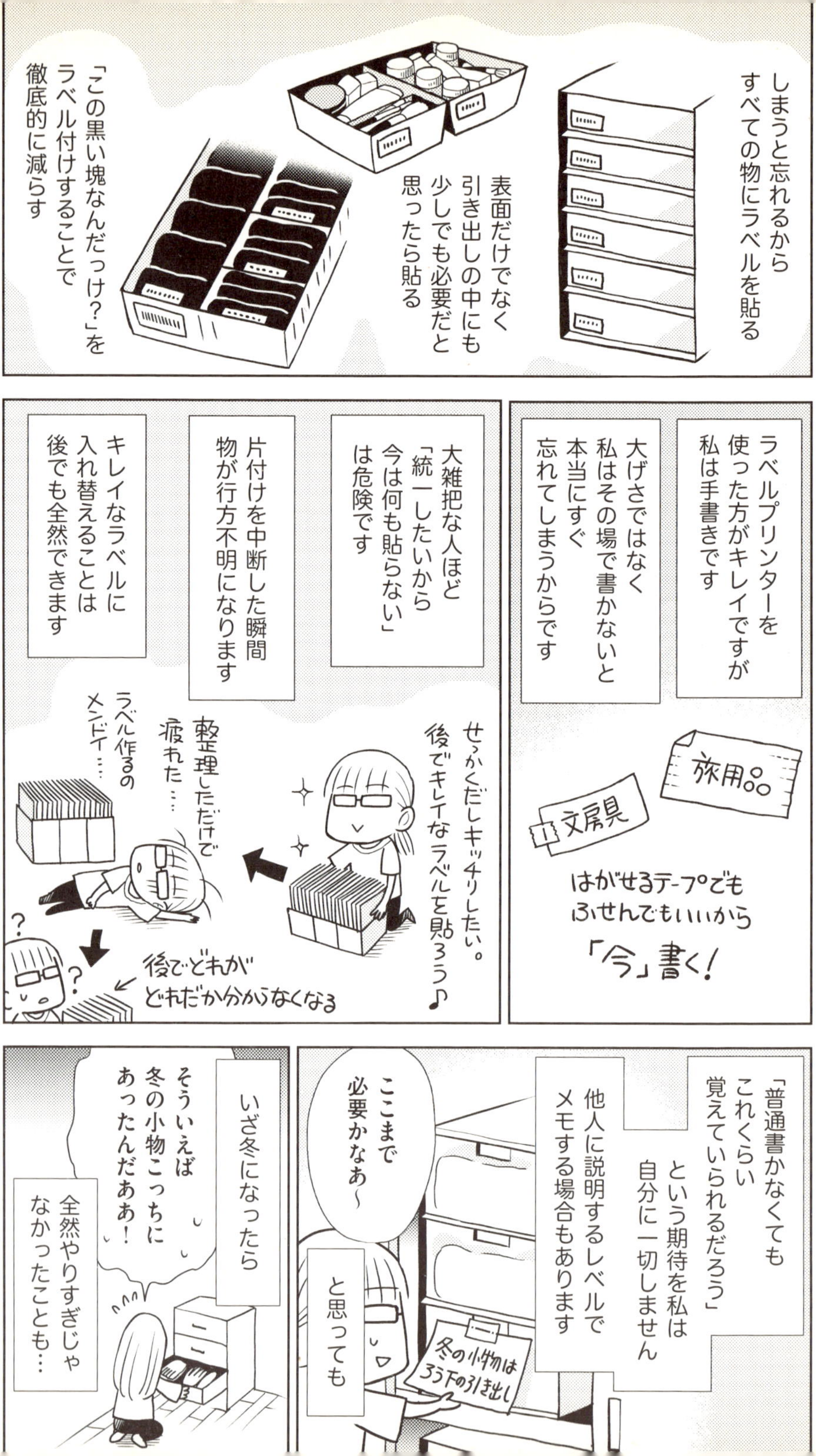

しまうと忘れるから
すべての物にラベルを貼る
表面だけでなく
引き出しの中にも
少しでも必要だと
思ったら貼る
「この黒い塊なんだっけ？」を
ラベル付けすることで
徹底的に減らす
ラベルプリンターを使った方がキレイですが私は手書きです
大げさではなく私はその場で書かないと本当にすぐ忘れてしまうからです
旅用品
1 文房具
はがせるテープでもふせんでもいいから「今」書く！
大雑把な人ほど「統一したいから今は何も貼らない」は危険です
片付けを中断した瞬間物が行方不明になります
キレイなラベルに入れ替えることは後でも全然できます
せっかくだしキッチリしたい。後でキレイなラベルを貼ろう♪
整理しただけで疲れた…
ラベル作るのメンドイ…
後でどれがどれだか分からなくなる
「普通書かなくてもこれくらい覚えていられるだろう」という期待を私は自分に一切しません
他人に説明するレベルでメモする場合もあります
ここまで必要かなあ〜
と思っても
冬の小物はろう下の引き出し
いざ冬になったら
そういえば冬の小物こっちにあったんだああ！
全然やりすぎじゃなかったことも…

本当に些細なことですが
この状態でも本棚を
キレイに保てる人と
後々
この状態になる人
がいます
私はこっちの
タイプです
だからこのレイアウトを
絶対に避けます
本の出し入れに飾ってあるモノをいちいちどける必要がある
大雑把な人ほど
「簡単に出せる」こと
「簡単にしまえる」こと
とにかく
開けたりどかしたりなど
出し入れの手順を
一つでも減らすこと
それにこだわれば
部屋は散らかりにくく
なります
Aさんの部屋の
片付けを手伝った時は
驚きもありましたが
またたびが
う●こかと思ったし
すごいわかる…
という気持ちの方が
大きかったです

「この漫画のやり方を真似ても
私の部屋は片付かない」
と思われた方
それは
正しいです
衣類一つとっても
あなたが
引き出し派か
ハンガー派か
別の方法派なのか
性格が人それぞれなように
収納方法にも
それぞれの正解があります
他人のように出来ない
自分を責めるのではなく
自分の性格でも
片付く工夫をすることが
大切なのだと思います
今回Aさんの部屋の片付けを
漫画にさせてもらうことで
自分が普段考えていた
片付けについても
発信することが出来ました
ペこ
プライベートな部分を
漫画にさせてくれた彼女に
感謝します
そして引き続き
描かせていただいた
第2弾の片付け漫画も
読んでもらえたら嬉しいです

この方法は
大勢の人が
やってるけど
私には合わないな
収納
片付け
この方法は
一般的ではないけど
私には合うかも
しれないー

世の中に溢れる
片付け術や収納術を
参考にすることは重要だと思います。

しかしそれらの情報の中で
「どれが自分に合うもの」で
「どれが自分に合わないもの」なのか、
それを判断する必要があります。

片付けに必要なのは
「○○のようになれるよう、
努力すること」ではなく
「どうしたら片付いていられるか、
工夫すること」だと
私は思います。

友人・Mさんの場合

漫画を見て片付けを頼まれた

うん…
すっごく…
ほう
というかたぶん漫画のAさんよりすごいかも…
ほほう
1日じゃ絶対終わらない量だから大変だと思うんだけどどうかなあ？
ああんな漫画描いてたけど
私はプロじゃないしどこまでお役に立てるかわからないけど…
オッケーだよ！
手伝ってくれるだけですっごく助かるから！
全然 漫画のネタにしてくれて構わないからさ〜！
おおお
よろしくお願いします…！
友人の部屋の片付け第2弾の開始です

ドアが半分しか開かない部屋

友人Mの部屋の間取り図
↓本棚
床の95%が物で埋まってる
本棚
パソコンデスク
← ロフトベッド（下が収納）

うちは家族揃って片付けが苦手なんだけど
元から物が多いのにここのところ忙しかったからさらに荒れちゃって
もう限界
なるほど…
ギギ…
ドアが半分しか開かない

あれ ちょっと待てよ
ねねえ
たしかこのマンション エレベーターなかったよね?
うん
エレベーターなしの 3階だよ〜
そ そうか…
見た感じ かなりの量の不用品が 出そうだけど…
本も多いし
ドキドキ…
普段ろくに 運動していない私の 足腰が持つんだろうか…
あら こんにちは
こんにちは〜
あっ こんにちは
そうそう 紹介するね
私の母と
母が依頼して 来てもらった 便利屋さん
便利屋さん?

せっかくだから私の部屋以外も全部片付けようってことになってね
ホホホ
私はあなたを
母は便利屋さんを呼んだってわけ
BENRI
BENRI
本日はどうぞよろしくお願いいたします！
キラ
重い荷物や家具の搬出は我々にお任せください！
室内担当です！
外の積み込み担当です！
BENRI
キラ
キラ
よよろしくお願いします…！
助かったアアアアア
片付けスタートです

玄関で見慣れてしまって気づきにくいこと

それじゃあまず
「いる物」と
「いらない物」と
「売る物」を
分けていこう
ズラララ
はーい
えーと
これはまさに今
使ってるやつだから
残すでしょ
これはもう
履いてないから
手放すでしょ
ひょい
ひょい
売る…
ガザ
捨てる…
ガザ
残す…
ちょ
ちょっと待った
その靴を
残した
理由は…
えっ
ハゲてる
ハゲてる
ハゲてる
これすっごく
履きやすいんだよね
高かっただけあって
いくら歩いても
疲れないんだよ～
3万も
したんだ～
…足元って
けっこう見られるから
修理しないとマズい
レベルだと思うよ…
ガーン
えっ

え～ そこまでヤバく ないでしょ～
だってほら きれいな状態の 靴と比べると
ボロ…
げっ…
ズーン…
ほんとだ… 見比べると かなりひどいね
うん
う～ん… すっごく名残惜しいけど だらしない奴だと 思われたくないし…
捨てるか…
かわいいけど 履くとすぐ 靴ずれするんだよね…
手放そう
履かないまま 年齢が合わなく なっちゃったな…
手放すわ

で
これだけしか残らなかった…
ズラッ
使う靴って意外と少ないもんだね
靴って求められる役割が多いから残る条件も実は厳しいんだよね
履いててつらくないか
デザインが気に入っているか
人に見られてもいい状態か
TPOに合っているか
あと玄関周辺で溜まりやすいのは傘だね
ズラッ
ビニール傘はついつい溜めがちだけど折れた物や古い物もあるしこれも人目に入る物だから気にしないと…
使えなくはないけど折れてる…
たしかに…
玄関の物が選別できたら収納していこう
はーい

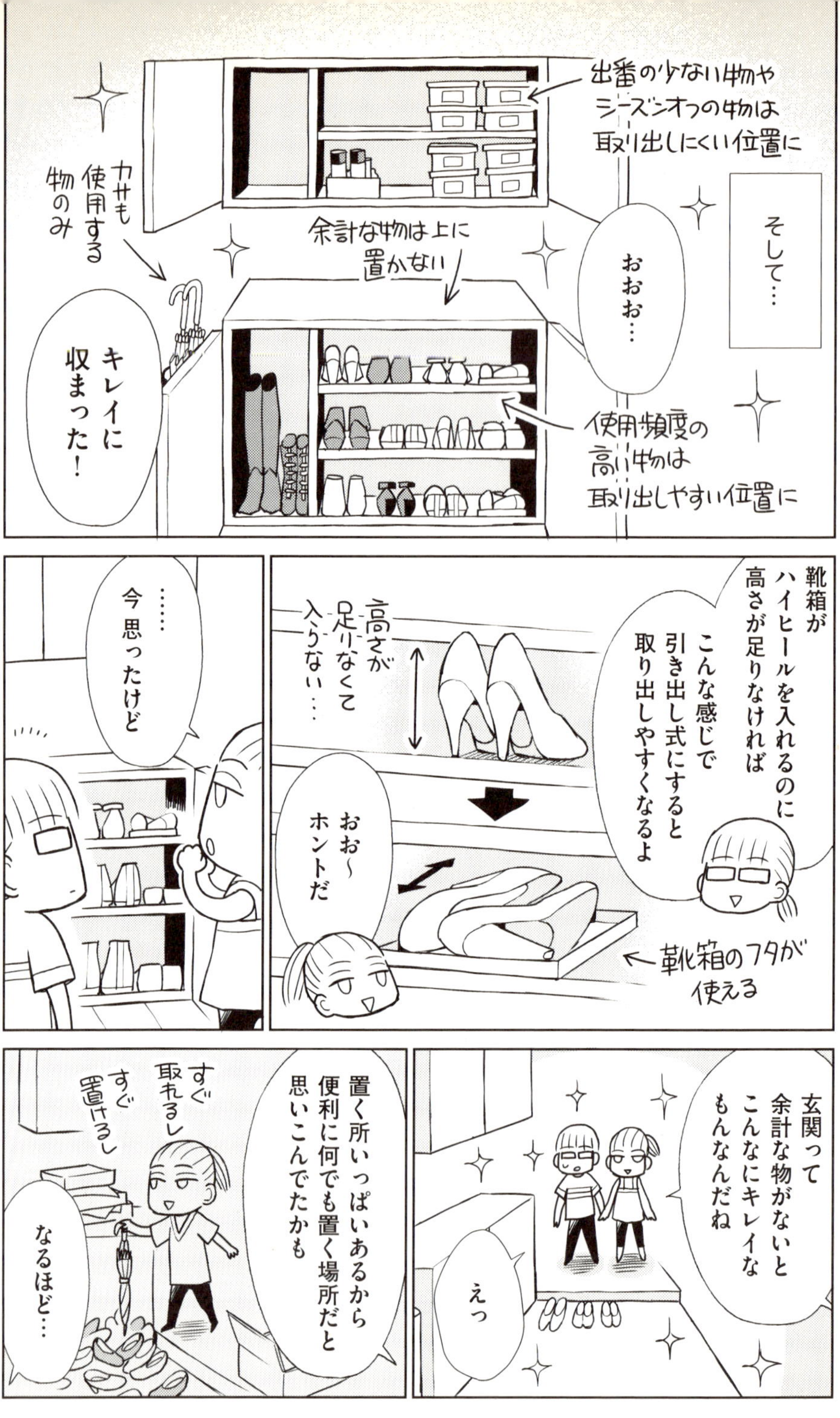

※ご家族の物は別室で仕分けしてもらいました

玄関って 家に入った時 最初に目に入る 場所だから
出てる物を まずは最低限に した方がいいよ
収納具も インテリアも 後でこだわれるし
たしかに… 友達だけじゃなく 宅配便の人とかにも 見られる場所 だもんねえ
ちなみに 玄関のドアも あれこれ貼らない方が 見た目はいいぞう
水道
0120～
4
あれ全部 必要なやつ？
ズテッ
うっ
さっきは 気付かなかったけど 玄関キレイになったら すっごい気になるね
つか去年の カレンダーとか 見ないっしょ…
そもそも玄関で カレンダー 見ないわ
これも これも いらない
オイ
ドアに貼り付ける タイプの収納具等 必要な物はいいのですが
トイレ 110番
0120～
ガスSOS
0120-XX XXXX
もらったステッカーを 「とりあえず」貼る等は 避けましょう
人は毎日 目に入る風景に 慣れてしまう ものです
今 自分が 見ている風景が 自分の求めている 生活にふさわしいか
定期的に 見直すことが 大切です

物で埋まった床を片付けるコツ

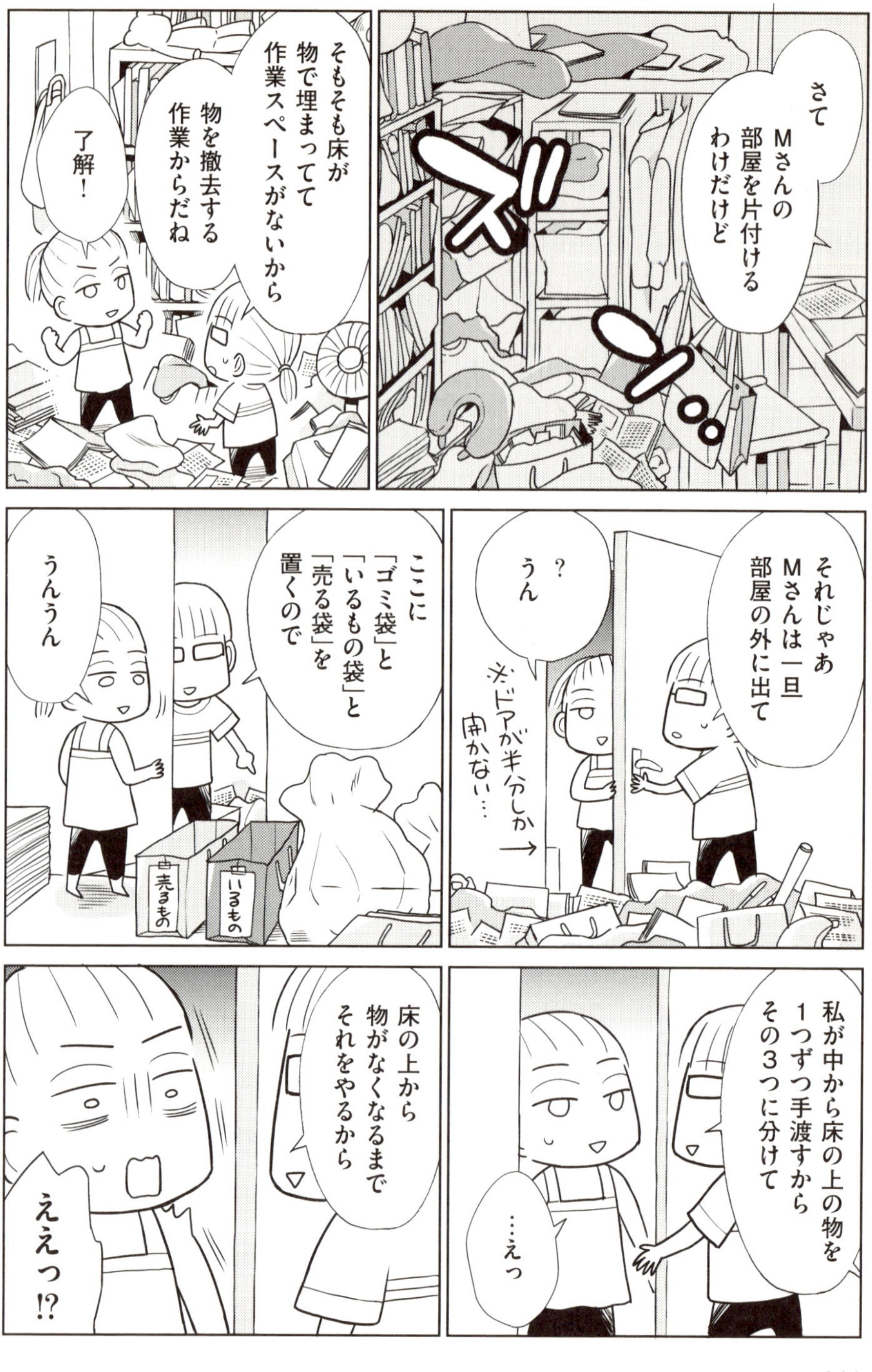

そ
それはちょっと
何で?
たしかに部屋は散らかってるんだけど
どこに何があるのかはちゃんと把握してるんだよ
このへんに貴重品
このへんに普段着
このへんに読みかけの本
その方法だとどこに何があるのかわからなくなって困らない?
何となく何がどこにあるか分かってるのが
いるもの袋にまとめてしまうと分からなくなる
それは「いるもの袋」をそのまま放置した場合だけだよ～
片付けでよくやる「とりあえず袋に詰める」という作業
その袋を放置したまま片付けをやめるとどこに何があるのかわからなくなる
ハサミ
ハサミ
必要な物を探すにはその袋をひっくり返さねばならず
ハサミはどこだ?
ドサドサ
結果片付け前よりひどい状態になる
ハサミはあったけど…
ズーン…

今回は「いるもの袋」の中身全部 しっかり住所を決めるから大丈夫だよ
ギギ…
せめて私が中に入って収納しながらやるとか
こんな風に!
これはここに入れて
これはこっちに入れて
そう出来ればいいんだけど
「いる物といらない物を分けること」
「収納先を決めて収納すること」
この2つを並行しながら行うのは難しいんだよ
そもそも今は「しまうべき住所」が決まってないから物が床にあるわけで
これはどこに入れたらいいんだっけ
?
分かんないからまた後でー
ポイ
今はどこにしまっても「とりあえずの住所」になっちゃって
また散らかりやすくなっちゃうんだよね
「とりあえず」ここに入れる
部屋中「とりあえず」しまったモノであふれて何がどこにあるやら……
………

※この時「本」「衣類」等、見ただけで分類がわかる物だけは、まとめておいた方が後で楽です

数時間後…
とりあえず… 床は空いたァアア
そして ドアも 開いたー！
おつかれ〜〜〜
そして出来た大量の「いるもの袋」…
ど!!
んっ
それをしまうのはまた後でだね
あわわ… どこに何があるのか さっぱり わからなくなって しまった…
ブルブル…
しまうところまで しっかりやれば 大丈夫だよ〜
でもこれで床が空いたから部屋の中で片付け作業が出来るね
うおー！
頑張る〜！
ちなみに「いるもの袋」が大量に出る場合は どこらへんにあった物なのか 書いておくと 少しだけ 安心できます
服や本など一目で判断出来る物は別にしておくと更にマルです
ベッドの下
イスの下
真ん中
机の下

大きな片付けは
「場所ごと」ではなく「物ごと」で
行うのが基本なのですが、
今回は

「衣類だけを集めたくても
物がミルフィーユ状に積み重なっていて
集めること自体が困難」

「そもそも衣類を集められる場所がない」

という状態だったので、
やむを得ず、まずは床に散らばった物を
ブルドーザー式に選別するという
「場所ごと」の片付けを行いました。

ポイントはこれもまた
「その場が片付け終わるまで、絶対に動かないこと」
です。

動けば途端に気持ちがそれて
別のことをし始めてしまうので…。

行方不明になるリモコン

でも
リモコンって
どうやってしまったら
いいんだろうね
ちょっと目を離すと
すぐなくすんだけど
うーん
どうしても
行方不明になるなら
机とか板に
貼り付けるかな
両面テープ
うむ…
テープで
汚れないかな…
もしくは
ヒモでつないじゃう
おおお…
大胆だね…
見えない位置に
ぶら下げるとか
はがせるテープを使うとか
やりようは色々あるよ
引き出しの中に
貼り付けてる人も
いるくらいだから
反応すればだけど
へえ〜
ガラ
ピ
自分がリモコンを
戻せない性格だって
思うなら
その性格でも
リモコンをなくさない
方法を模索した方が
いいと思うんだ
なるほどね
1時間後
台所のカウンターから
リモコンが見つかりました
ゴォォ…
涼し〜
私を出迎える時に
置いちゃったんだな…
来た！
ピンポーン
あれ
どこだっけ？

便利か不便かロフトベッド

※ちなみに床からも何十個もライターが見つかっている

着火事故が起きてるのは旧式のライターで新型は簡単に着火しないようスイッチが重く出来てるから…
これ旧式のライターだよ
……
ヒビ
そして壊れている
すまん
ペコ
反省!
いや事故が起きる前でよかったよ…
そもそもこの部屋でタバコ吸わないんだしライターは喫煙所の灰皿の側と外出用だけでいいと思うよ
壊れたやつや古いのは一旦処分で
そうだよね～
ライターに限らず家にじゅうぶんある物は「持ち込まない」「溜め込まない」ことが大事です
ビニール傘
割バシ
スプーン
ライター

ここは今後
ベッドとして使う？
いや…
上がったり
降りたりするの
正直面倒だし
普段使わない物を
置く場所として
使いたい
この部屋
収納ないし…
じゃあ布団は
破棄かな？
うん
捨てる
ハイ
あらっ
その布団
お母さんのじゃ
なかった？
一応私の
持ち物なんだから
捨てるかどうかは
確認して
くれないと…
あっ
ごめ〜ん
返す？
茶ばんでる
洗ってない
捨てて
ちょうだい…
ズーン..
破れてる
干してない
敷きっぱなしで
物が乗っていた布団は
傷みも激しいです…

ロフトベッドは便利な部分もあるのですが不便な部分もあるので
メリット
ベッドと収納が一ヶ所で済む
部屋を広く使える
デメリット
上がるのが面倒
物を下ろすのが面倒
取り入れる前に自分の生活や性格と相性がいいか精査が必要なようです
ちなみにロフトベッドを物置にするならホコリ対策をしっかりしましょう
フタ付きのモノを使う
布をかぶせる
面倒がってそれを怠ると
上にあった本すっごいホコリ
猫の毛が～
ケホ
ひ～～
後がもっともっと面倒になります…
着てないけど一回全部コロコロして洗わなきゃ
ゴロゴロ
一冊ずつふかないと

3万もしたんだ〜

猫に好かれた理由

※リビング
はあ〜〜頑張ったね〜
ちょっと休憩しよ〜
ニャーン
ひゃあっ
かわいい〜〜〜
はじめまして〜〜〜
初対面で目を合わせると喧嘩を売っていると思われるらしいと聞いて目をあわせないようにしている
ひぃぃぃぃぃかわいい〜〜〜
え
何？
うちのチャチャが知らない人にこんなに近づいてるの初めて見た…
ブルブル
しかも触らせるなんて信じられない…っ
そ そうなの？

ニャーン
ひぃいいい
2匹目～～
かわいい～～～
※目をあくまで合わせない
な
何？
ククロまで…
この子が
知らない人の前に
そもそも出て
くるなんて…っ
ブル
ブル
なんで??
どうして??
すご～い！
いやあ～
偶然ですよォオオ
機嫌
MAX
!!!
ッカァ
アアア
さあて！
猫ちゃんたちの
ためにも
頑張りまっす！
ぐわっ
チョロイ
パキ
パキ
パキ
その後
ふと自分の姿を見て
というか今の私
片付けでにおいが完全に
この家と同化してて
警戒されなかっただけじゃ…
真相は
闇の中…
ネコの毛
ネコの毛
ホコリ
ホコリ

片付け中に道具を紛失しない方法

そしてもう一つ
ピロリン
おっ ラインだ
えーと…
ポチ
ポチ
じ〜〜…
ななんですか?
いいですね〜 それ
作業中にスマホを取り出すの結構 大変だし
かといって置いとくとなくすんでどうしたものかと思ってたんですけど
ああ
私もそう思って簡易的に作ったやつなんです
安いビニール製のベルト(多分100均のななめがけバッグとかのベルト)
クリップでケータイを挟む
斜めがけみたいに上半身をヒモが邪魔しないから作業の時 便利そう〜
私もやってみよ〜
プロの人に褒められてちょっと嬉しかったです

しまうことに抵抗がある理由

大丈夫なわけあるかァァァァ
くそーーッ
やっぱり
床を空けるのに今日一日頑張ったのにぃぃいい
だってすぐ使う物は一目でどこにあるかわからないと困るんだもんん
次の片付けは2日後だし
気持ちはわかるけど床の上に物を散らかしたら
また今日と同じことを次回もやらなきゃいけなくなるから…
ううう〜じゃあどうしたら…
机の上のモノは袋には入れたくない…
………
う〜ん…
間を取って浅いダンボールに入れよう
これなら上から一応物が見渡せるから…
なるほど…
早く物の住所を決めて見えなくても不安にならない部屋づくりをしなくてはなりません
一日目終了!

世の中には便利な
家電や家具、グッズがたくさんあります。

しかしそれらが
自分の生活スタイルや
自分の性格にあっているのか、
これは本当に人それぞれです。

一度も失敗することなく
買物が出来る人はまずいません。
(私も未だに何度も失敗します…)

しかし経験を積み重ねることで
「これは便利だと言われているけど
私の性格や、生活スタイルを考えると
かえって邪魔になってしまうな」
と気づける率は上がっていきます。

便利な物やお得な物を見かけた時、
買う前に考える癖をつけることが
重要だと思います。

機嫌MAX!!!
ッカァ
ァァァ

衣類収納の重要性とその方法

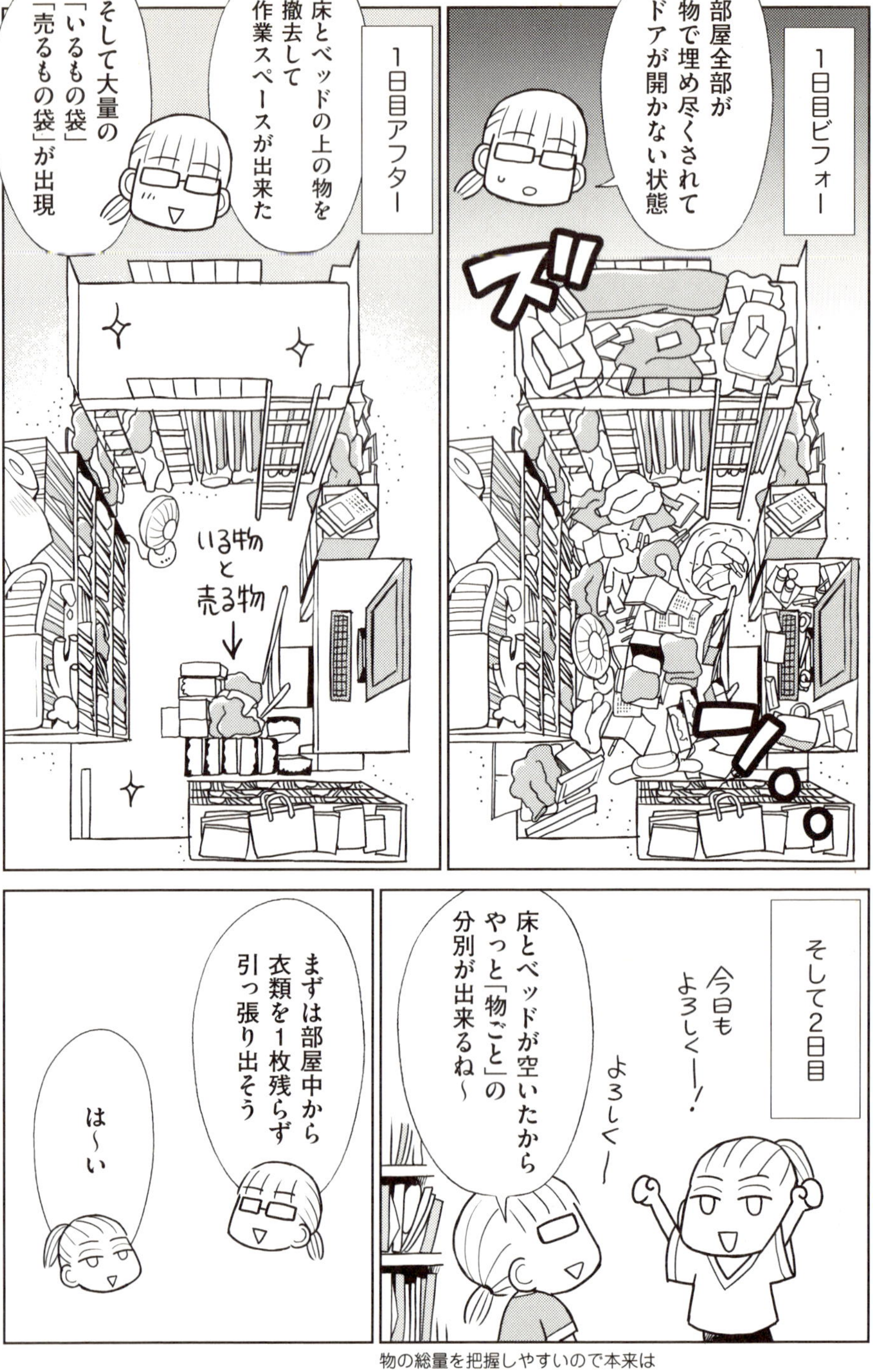

物の総量を把握しやすいので本来は「場所ごと」ではなく「物ごと」で片付けたほうがいい

床やベッドに落ちてた衣類は1つにまとめておいたから楽だね
うん
「いるもの袋」は「衣類」と「本」くらいは分けておくと後が楽です
後はベッド下の棚と色んな隙間に挟まってる衣類か
これを全部集めればいいんだね
布
布
服
服
服
バッグ
えーと…これと…
これと…
ポイ
ポイ
ドサ
ドサ
………
ぎゅ
え？ちょっと！

何で今
衣類を一箇所に
集めてるのに
また隙間に突っ込んだ？
えっ？
ギョッ
あっ
な
何でだろう…
なんか
これを見た瞬間
「ホコリが目立ちそうな服だから
ホコリから守らなきゃ」と思って
無意識に
隙間に
入れてた…
ぎゅっ
なるほど…
あらゆる物が隙間に挟まっている
それが積み重なって
こうなってるわけだな…
ズ!!
ン!
私も
今 気付いたわ…
物の住所を決めることの
大切さを痛感します…

よし これで衣類は全部だね
ドッサリ
薄々気付いてたけどすんごい量だね〜
ここから残す物と手放す物を選ぶわけなんだけど
残す物かあ…
これ10年前に買ったヤツだ
「現在と未来の自分」にふさわしい物は残して
気に入ってるし似合っている
今現在便利に使ってる
着心地が良くて気分が上がる
などなど
逆に「現在と未来の自分」にふさわしくない物は手放す
という感じかなあ
新品だけど似合わなかったから使ってない
使ってはいるけどボロボロでみっともない
サイズ感や使用感が微妙で結局使ってない

まだ使える物を手放すのは忍びないけど
私はそうやって残した物はすごく愛着が湧いて大事に出来てるよ
気に入ってるモノばっかりになったから洗たくの仕方やハンガーにこだわるようになったり
そうなるといいな〜〜
これはいる…
いらない…
そして
残ったのはこんな感じ！
残す服
捨てる or 売る服
おお〜だいぶ減ったね
しかし…
いる服もすぐに収納できないものばっかりかも
洗ったかどうかがわからないのでしまえないゾーン
明らかに洗ってないのでしまえないゾーン
猫の毛まみれでコロコロをした上で洗わないとしまえないゾーン
まったくだわ…
物の住所が決まっていないと後ですごく手間がかかってしまうのです…

さて
分別が終わったから衣類を収納するわけだけど
※実際は洗ってから収納を行いました
今までの収納だとちょっとマズいね
ロフトベッドの備え付け収納
紙製だったため経年劣化で自然崩壊
そこに侵入する猫
というかすでに収納と言っていいのか怪しいしね…
正直私服を引き出しとかに収納できたためしがなくてね
だからお店の棚みたいにただ積み上げていく形を取りたいかな
なるほど…
こ〜いうやつ↓
と言うと?
でもあれって結構几帳面さが求められるけど大丈夫かな

いや…このラックを再利用する場合
服があっち側に落ちてホコリまみれになる未来が結構見えるかなって…
あっ落ちた！
ズルッ
丁寧に置ける性格ならアリだけど…
あとでいっか
うっ…するどい…
まあ物は試しだし
せっかくだから余った箱を使ってテスト収納してみようよ
そうだね
箱や紙袋は仮収納用に残しておくと便利
キッチリ..
……おおお

このくらいの引き出しなら抵抗ないかも
思ったより簡単に出し入れ出来るし
片手でも平気！
部屋が片付いたせいもあるかもね
ズーン…
部屋が散らかってるとたどり着くのが面倒だから棚を使わなくなるんだ
服
棚が遠くて片付けがメンドイ…
な なるほど…
引き出しがあっても引き出せないから服を引っ張ったりしちゃうんだよ
ガタガタ
開かないッ
うああ〜〜
わかりすぎる…
一目でわかる箱に入ってると服の足りる足りないがわかりやすいし
私にはこのくらいのカゴかケースを使った収納が向いてるかも
うんうん
この状態でしばらくやってみて使いやすいと思うなら改めてちゃんとした収納ケースを買ったらいいよ
うん！

本を死蔵させないためには

収納は
よく読む本を
取り出しやすい位置に
あまり読まない本は
取り出しにくい位置に
って感じなんだけど
こういう
2列入る収納は
奥に入れた本が
見えなくて
存在を忘れて
しまいがちだから
見えなくなるゾーンの本たち
奥に何の本
置いたっけ？
見えない…
背の高い本を
奥に入れて
背の低い本を
手前に入れるか
少し見えているので
後ろの本も
何の本か分かる
ふんふん
シリーズ物なら
手前と奥に分けて
収納すると
見失いにくいよ
後ろと前を
半々ずつ
同シリーズで
まとめる
なるほど

ちなみに
「本棚に入らないけど
いつか読むから
捨てたくない本」を
捨てたくないから
とりあえず
押し入れの奥に!
本①
本②
取り出しにくい場所に
しまい込むのは
おすすめしないです
本は箱に入れて
奥に入れてしまうと
重くて動かしづらいため
死蔵しやすく
ドサ
本①
本②
何年か経って
開いてみると
こんなの
あったなー
そういえば
パラパラ
…………?
?
?
かい
かい
カビやダニなどがついて
痒くなってしまうことが
あります…
防虫対策は
色々あるようですが
完璧ではないので
箱に入れても
せめて取り出せる場所に
置く工夫か
ラベルに内訳を書いておくと
死蔵しにくい
マンガA
マンガB
マンガC
全巻
電子書籍に
買い換えるなどの
工夫が必要です

CD・DVD類は取り出しやすくコンパクトに

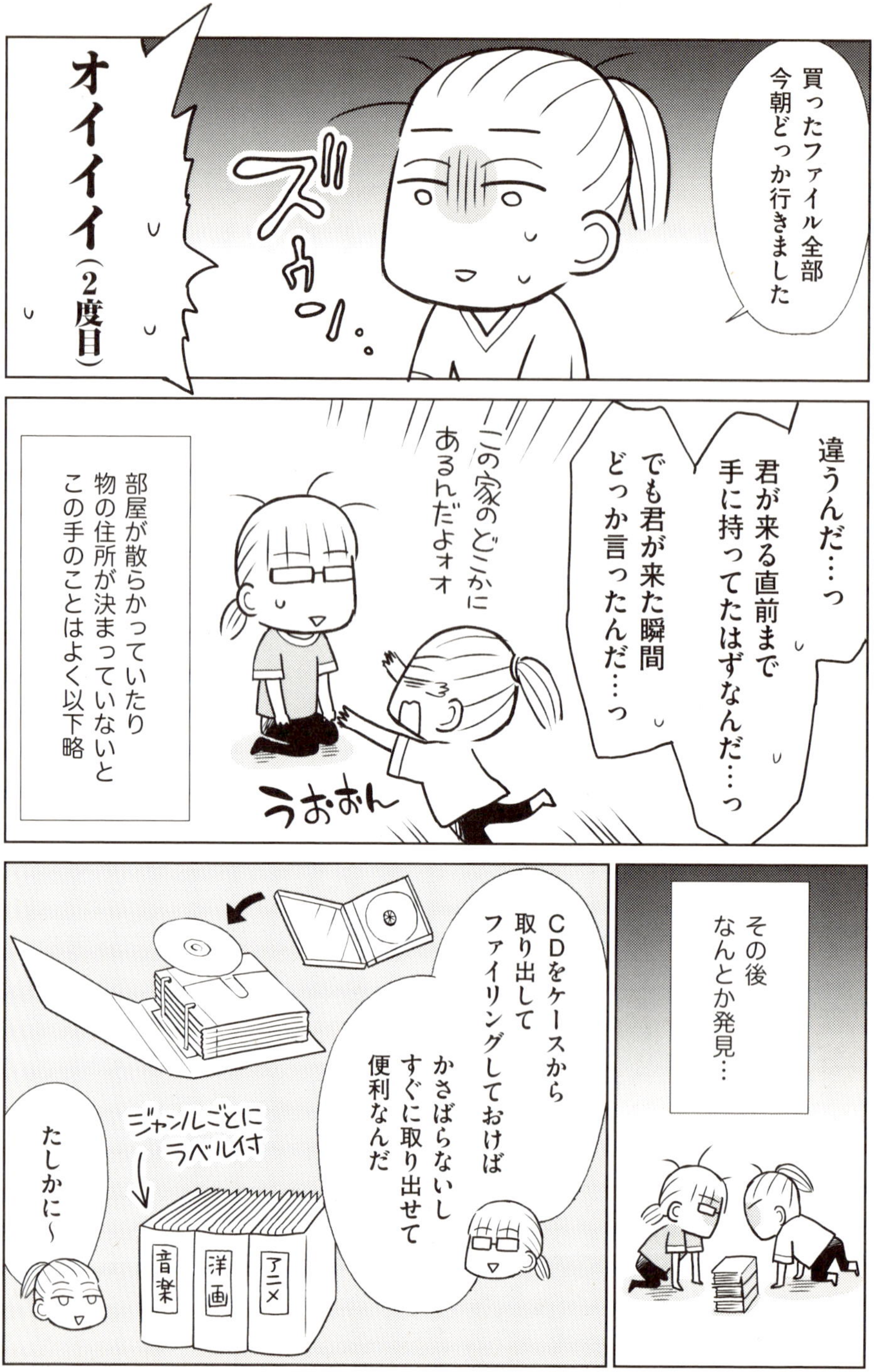

買ったファイル全部
今朝どっか行きました
オイイイ（2度目）
違うんだ…っ
君が来る直前まで
手に持ってたはずなんだ…っ
でも君が来た瞬間
どっか言ったんだ…っ
この家のどこかに
あるんだよォォ
部屋が散らかっていたり
物の住所が決まっていないと
この手のことはよく以下略
うおおん
その後
なんとか発見…
CDをケースから
取り出して
ファイリングしておけば
かさばらないし
すぐに取り出せて
便利なんだ
ジャンルごとに
ラベル付
アニメ
洋画
音楽
たしかに〜

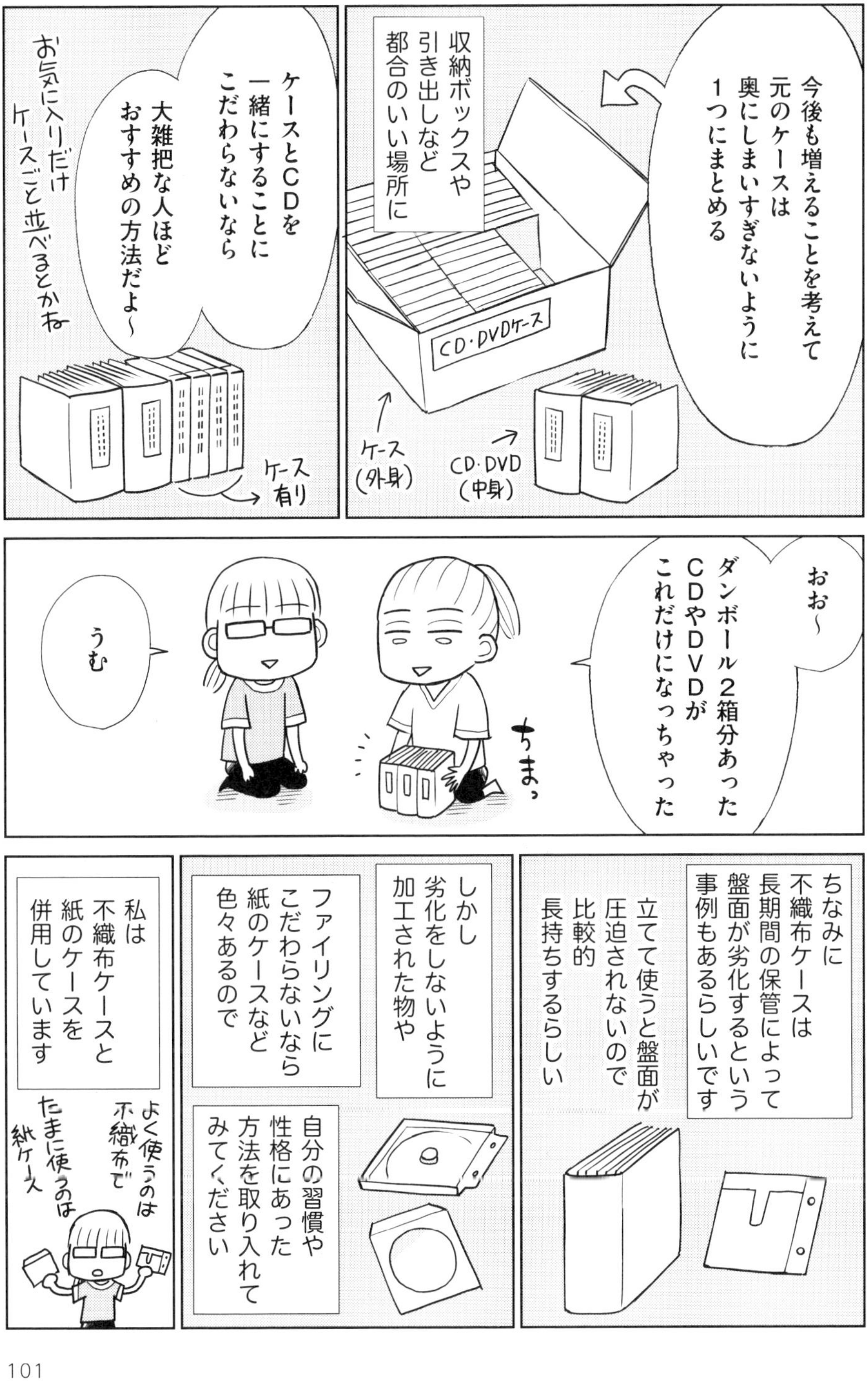

今後も増えることを考えて
元のケースは
奥にしまいすぎないように
1つにまとめる
収納ボックスや
引き出しなど
都合のいい場所に
CD・DVDケース
ケース（外身）
CD・DVD（中身）
ケースとCDを
一緒にすることに
こだわらないなら
大雑把な人ほど
おすすめの方法だよ〜
お気に入りだけ
ケースごと並べるとかね
ケース有り
おお〜
ダンボール2箱分あった
CDやDVDが
これだけになっちゃった
うむ
ちまっ
ちなみに
不織布ケースは
長期間の保管によって
盤面が劣化するという
事例もあるらしいです
立てて使うと盤面が
圧迫されないので
比較的
長持ちするらしい
しかし
劣化をしないように
加工された物や
ファイリングに
こだわらないなら
紙のケースなど
色々あるので
自分の習慣や
性格にあった
方法を取り入れて
みてください
私は
不織布ケースと
紙のケースを
併用しています
よく使うのは
不織布で
たまに使うのは
紙ケース

便利屋さんにお願いしてみた

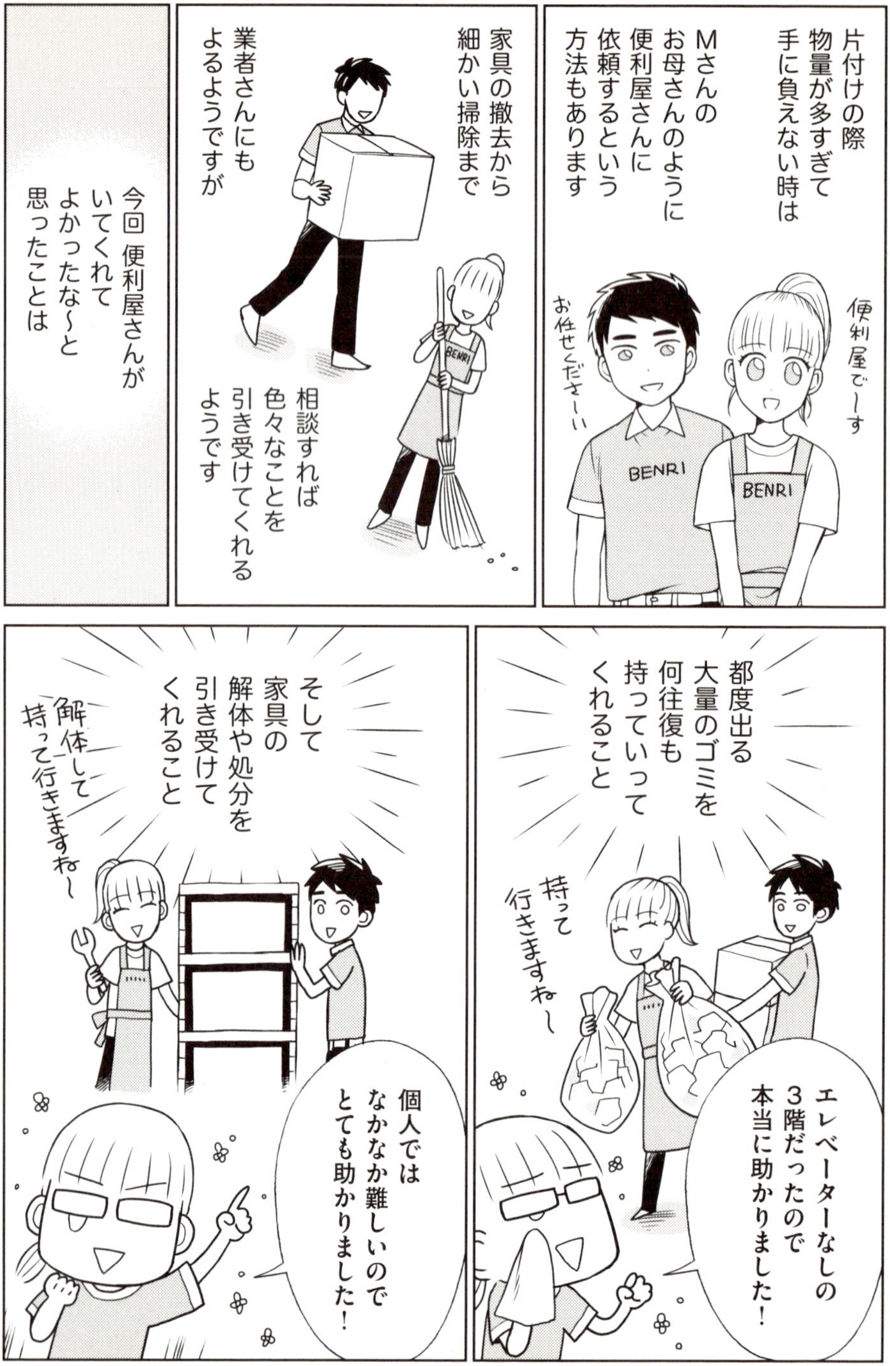
片付けの際
物量が多すぎて
手に負えない時は
Mさんの
お母さんのように
便利屋さんに
依頼するという
方法もあります
便利屋で〜す
お任せくださ〜い
家具の撤去から
細かい掃除まで
業者さんにも
よるようですが
相談すれば
色々なことを
引き受けてくれる
ようです
BENRI
今回 便利屋さんが
いてくれて
よかったな〜と
思ったことは
都度出る
大量のゴミを
何往復も
持っていって
くれること
持って行きますね〜
エレベーターなしの
3階だったので
本当に助かりました！
そして
家具の
解体や処分を
引き受けて
くれること
解体して持って行きますね〜
個人では
なかなか難しいので
とても助かりました！

更に今回
本当に本当に
助かったのは
便利屋さんが
用意してくれたこの
「何でも捨てていい袋」
です
めちゃくちゃ
デカイ！
すごく
丈夫！
部屋をひっくり返す
レベルの片付けは
いるものと
いらないものを
仕分けるだけでも
大変な作業です
そこに更に
ゴミの分別と
廃棄作業が加わると
その労力は
膨大なものになります
START!
こっちで
手一杯…
いる
いらない
服
本
CD
化粧品
燃
不燃
資材
頑張って
ゴミの分別まで
何とか出来ても
粗大ゴミ
捨てるのが
メンドウなゴミ
どう捨てるか分からない
ゴミ
捨て方が
面倒だったり
申請が必要
だったりで
挫折する人も
多いと思います
それを解決してくれる
夢のシステム
「何でも捨てていい袋」
掃除機も
物干しザオも
紙も本もスプレーも
何でも一緒でOK！
分別一切必要なし！
は～い
またゴミ出ました！
了解です～！
BENRI
ドン☆

いや〜
スムーズだね
捨ててきまーす
便利屋さんがいてくれて本当に助かった〜
いる物の選別に集中できる〜♪
ズッ
あっ
ちょっと私一服してくるね
は〜い
いってらっしゃい
だいぶゴミが出てスペースが広くなったな〜
のびのび…
ってどうした
ビクッ
…いや
今さっきベランダで一服してたんだけど
あっ
さっき出したゴミの山だ
便利屋さんが運び出してくれたんだな〜
………ん？

えっ
ひょい
ひょい
若返る美肌
ダイエット 5kg やせる!!
BENRI
恋愛特集
ポエム
日記
ええっ
ポイ
ポイ
BENRI
Lサイズ
Mサイズ
恋愛特集
ポエム
日記
ええええええええ
ポイ
ポイ
脱毛クリーム
便秘薬
生理痛
ビール
なるほど…そういうシステムか…
ズゥーン…
無心に分別してトラックに積んでる
※持ち帰って分別してくれる業者さんもあります
BENRI
そりゃそうだよね… 私がやらなきゃ誰かが分別するよね…
地球のために…
ズゥン…
か顔がチベットスナギツネみたいになってるぜ…?
虚無顔…
業者さんの利用を考えたい方はネット検索してみてください

うーん…
これを
買ったら
置く場所は
あそこで
手入れは月一で
似たようなモノ
持ってなかったっけ

物の住所が決まっていないと
部屋が散らかりやすくなる
ダブリ買いをしやすくなる
物の品質を維持しづらくなる
など、思った以上に
様々な問題が発生します。

大きな片付けをした人が
物を管理することの大変さを実感し、
持つ物の量を大幅に減らすようになった、
という事例もあります。

「物を持つということは
それを自分が管理するということ」
ということなのです。

片付けラストスパート

2日目ビフォー
床とベッドの物を撤去し作業スペースを確保した
それ以外の部分はまだまだ色んな物が混在し溢れてる状態
2日目アフター
部屋中のすべての物を引っ張り出して分別完了
衣類と本棚は収納完了しあとは細かい物の収納を残すのみになった
3日目
これで部屋中の細かい「いる物」が選出されたね
ドン
ふふふ…もう何がどこにあるのやら…
フフフ…
さ 最後まで片付ければ 絶対大丈夫だから…

じゃあ ここに入ってる物を ジャンル別に 分類しよう
はーい
これは… 文房具
うーん… 机のそばに あってほしい物…?
化粧品でしょ
え～ なんだろう…
旅? 旅用品系?
これ…は……
ぐわん ぐわん
しっかり するんだ!
ここが一番の 難関なんだよ～!
脳みそ死ぬほど使うけど ここを乗り越えれば 終わるから!
ガクガク
ウェーーイ…
分別→収納のために すべての物に ジャンル付けをする 必要があるので
ここが1番 脳みそを 使う場面です
??
文房具
化粧品
旅用品
?
必要なモノ
いくつ ジャンルが 出来るかも 未定の状態
不安と疲労が すごいです

しかし
ジャンル付けがある程度出来てくると
これは…
文房具
ひょい
化粧品
ひょい
旅用品
文房具っと
決めたジャンルに物を分けるだけになるので徐々にスピードが早くなっていきます
しかし途中で
うーん…
これは…
後で判断する〜
化粧品
文房具
はーい
これは文房具か
うーん…
これもとりあえず置いとく
はーい
これは化粧品
うーん…
これも…
今は決められないかな
はーい
?
っていうか
さっきから同じ物を何度も見るんだけど
?
うん
住所決めるまで何度でも戻ってくるよ
ええ〜〜〜〜

だって
これもこれも
何ジャンルに属するのか
わからないんだよ〜
でも絶対に
必要な物
なんだよ〜〜〜
バタ バタ
オ オーケー
そういう時は
「ジャンルなしの箱」
を作ろう
「ジャンルなしの箱」？
スッ…
シャーペンは
何ジャンル？
文房具
文房具
だから
「文房具」に
仕分けたでしょ
これは
何ジャンル？
文房具
………
属性が
わからないから
「ジャンルなしの
箱」にある
って感じで そこを
住所にするの
なるほどぉおおお
バッ
さっ
でも何でも
かんでも入れるのは
NGだよ〜
ダメ
かぁ
必ず
「属性がわからない」けど
「必要なもの」だけ入れて

あ～でも
だいぶ判断
出来るように
なってきた～
これは文房具でしょ
ジャンルなしでしょ
旅グッズでしょ
ポイ
ポイ
頑張れ
頑張れ
ジャンルなし
文房具
旅
そして…
すべての
いる物の
分類が
ズラ～ッ
おわっ
た…
おつかれ～
貴重品
資料
旅用品
衛生用品
文房具
これでMさんが持ってる
それぞれのジャンルの物の
物量がハッキリしたねえ
疲れた～
資料
衛生用品
旅行グッズ
文房具
机まわり
さあ
必要な物を
ジャンル分けしたところで
お待ちかねの
収納タイムだよ～
ふぁい…

大雑把な人は、案外つけかえません…

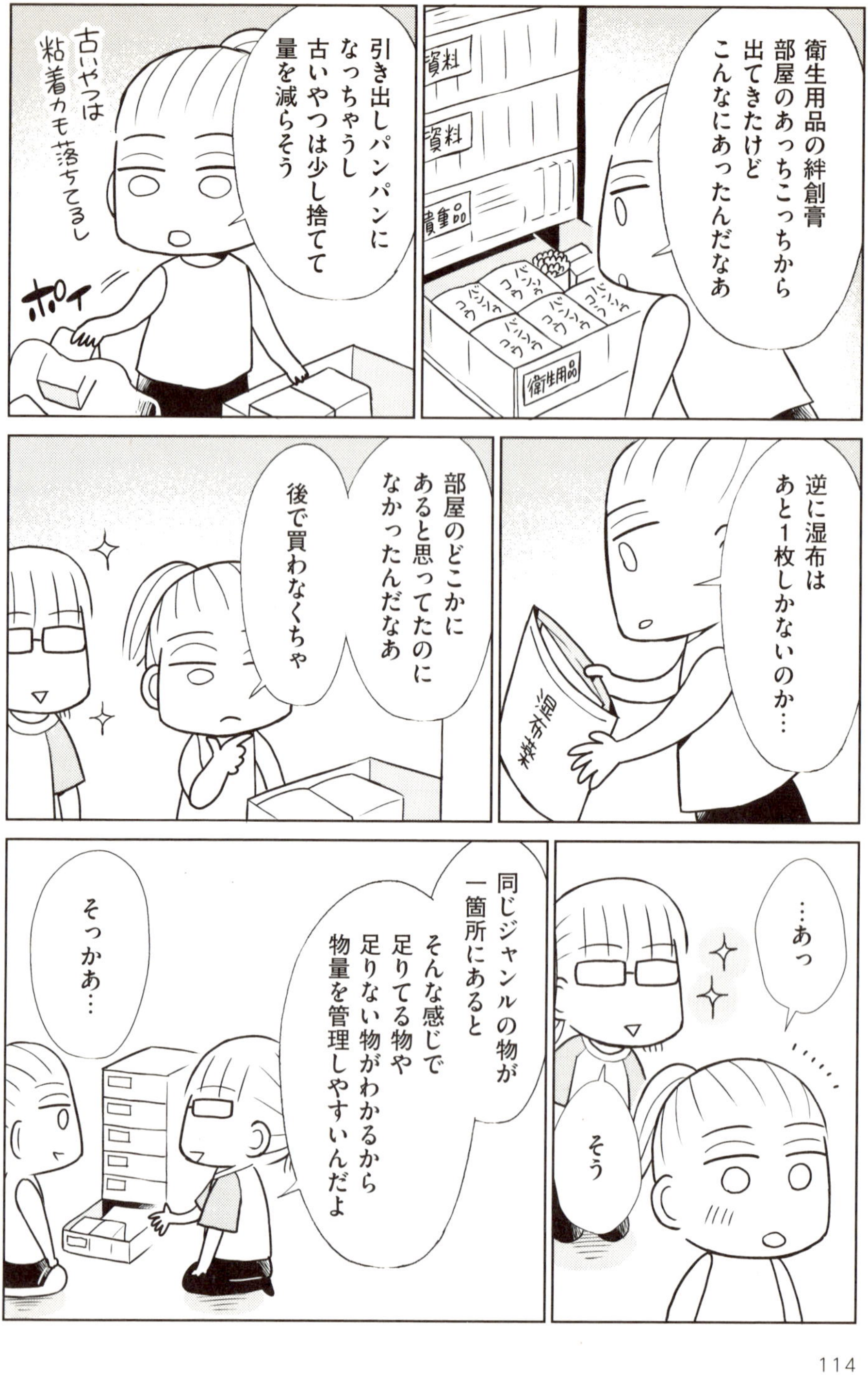
衛生用品の絆創膏部屋のあっちこっちから出てきたけどこんなにあったんだなあ
資料
資料
貴重品
バンソウコウ
衛生用品
引き出しパンパンになっちゃうし古いやつは少し捨てて量を減らそう
古いやつは粘着カモ落ちてるし
ポイ
逆に湿布はあと1枚しかないのか…
湿布薬
部屋のどこかにあると思ってたのになかったんだなあ
後で買わなくちゃ
…あっ
……
そう
同じジャンルの物が一箇所にあると
そんな感じで足りてる物や足りない物がわかるから物量を管理しやすいんだよ
そっかあ…

だから
これからも
同じジャンルの物は
なるべく一箇所に！
ラストスパート！
了解～
収納も
全部おわっ
た…
おつかれ～～～
ばったり‥

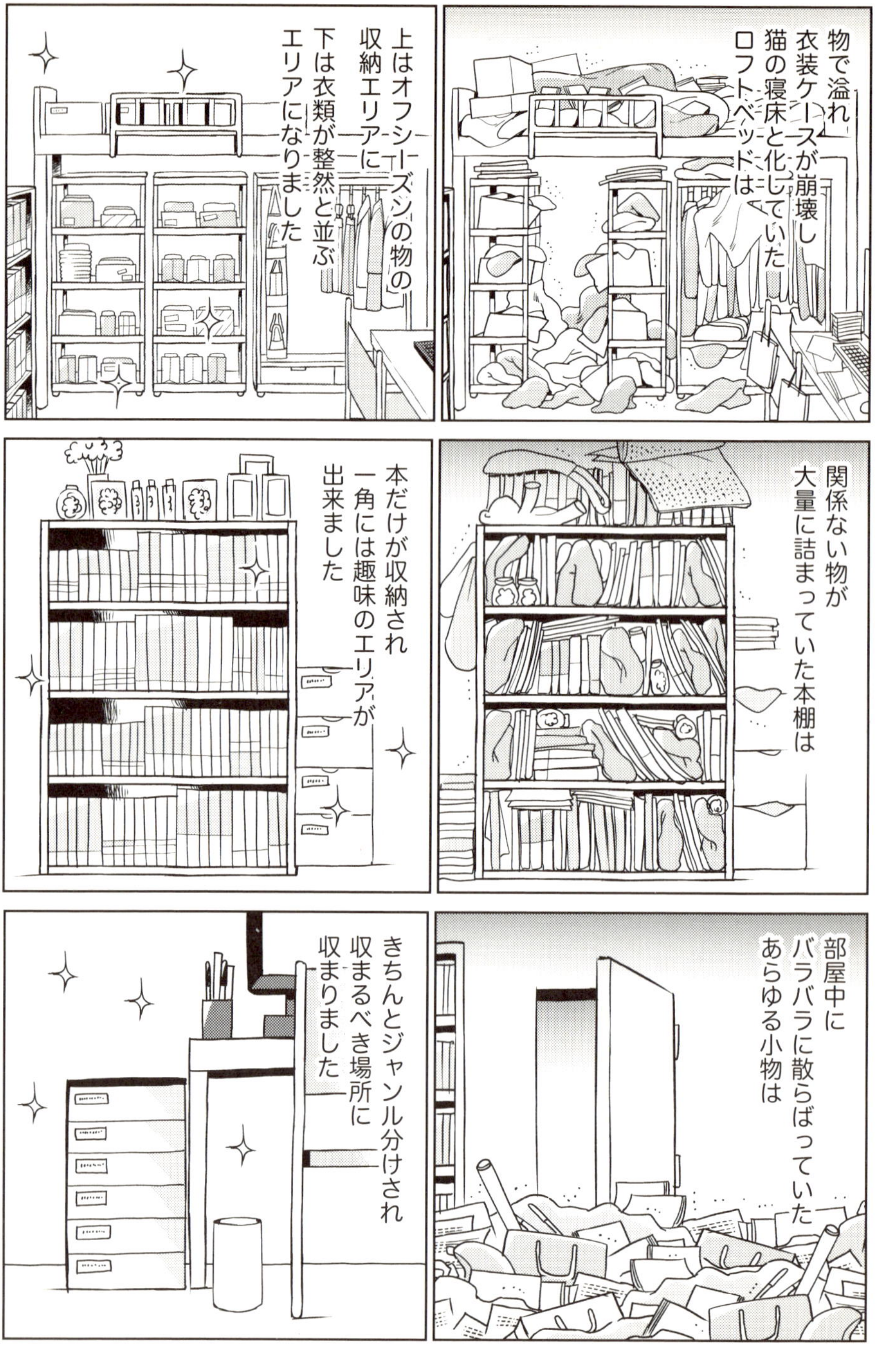
物で溢れ
衣装ケースが崩壊し
猫の寝床と化していた
ロフトベッドは
上はオフシーズンの物の
収納エリアに
下は衣類が整然と並ぶ
エリアになりました
関係ない物が
大量に詰まっていた本棚は
本だけが収納され
一角には趣味のエリアが
出来ました
部屋中に
バラバラに散らばっていた
あらゆる小物は
きちんとジャンル分けされ
収まるべき場所に
収まりました

ジャンルごとに物を分けたら物の総量がわかったし
今は仮の収納だけど後でちゃんとした収納に買い換えれば完璧だよ～
ありあわせの袋や箱を利用して収納し、使ってみる
しばらく使ってみて使い勝手がよかったらきちんとした物と入れかえると失敗がない
やった～！
あの状態からよくぞここまで…
よかったよかった…
ゴミは搬出してもらったし
あとは売る物を処分するだけだね
うむ！
売る
売る
売る

売りたい物、あげたい物の処分方法

家族との共有部分だから ここもすぐに 空けないといけないし
そうするとこれらはまた あなたの部屋に戻さないと いけないわけで…
共有部分
リビング
今ココ
Mさんの部屋
せっかく苦労して 部屋を片付けたんだし 不用品のために狭い思いを し続けることを考えたら差額も そこまで得になるわけじゃ…
う〜〜〜〜 わかった!
じゃあ 「すぐ売れそう」で 「数千円以上になる物」は オークションに出す!
それ以外の物は もったいないけど まとめ売りする!
おおお〜
じゃあ 決心鈍らないうちに 郵送用の宅配伝票 書いちゃおう!
あ…う…
でもなあ… このノートとか 新品なのに まとめ売りしたら 絶対10円とかに なっちゃうしなあ…
よいしょ よいしょ
あっ お母さんが 使うかな?
お母さん〜!
ちょっとまった〜!

お母さんも今頑張って片付けてるんだからお母さんの物を増やしちゃダメだよ〜！
え〜でもノートだったらいつか使う…
Mちゃん〜ちょうどよかった
ノートがたくさん出てきたんだけどあなた使わない？
捨てるのもったいなくて
……あ
同じことを考えていた
捨てたり安く手放すのは罪悪感があるけど
今すぐ必要ない相手に譲っちゃうと捨てる罪悪感ごと譲ることになるから…
う〜〜そうか…
人にあげるのは「相手から欲しいと言われた時」にしとこう
自分から「いつか使うかもしれない物」を欲しがる人もいるから微妙だけど…
ふあい…

…さて
3日間の戦いでここまで来たねえ
来たねえ
キラ
キラ
この状態を今後も維持していけるかなあ
大丈夫だよ～
キラ
キラ
以前は言ってみればこの状態だったけど
いる服
いらない文房具
いる物
いらない服
いる本
いる書類
いらない書類
よくわからん小物
ぎゅう
ぎゅう
何が
何やら
私も手伝ったけどMさんの意思と手でこの状態にしたから
本
服
小物
書類
文房具
趣味
旅用品
ぴしッ

この状態なら出すのも片付けるのも簡単だし
ペンはココ！
郵便
カバン
本
服
書類
文房具
アクセ
趣味
旅用品
以前
ペンはどこ!?
いらない物
いる服
着ない服
いらない文房具
衛生用品
ゴミ
洗ってないいる服
旅用品
いるかどうか分からない服
読まない本
必要な本
いらない旅用品
いらない服
ゴミ
今後新しいものを買う時も
在庫や置く場所を考えて買えばこの状態を保てるよ
あっ……ペンが切れてるから買おう
ペンが必要だけど
どこにあるのか本当にあるのか分からない
置くべき所も分からない
なるほどね〜
ではこれにて片付け終了！
だね！
おつかれ〜〜〜！
HAPPY END

AさんとMさんの その後

Aさんのその後

片付けから
1ケ月ほど経って
Aさんに
その後どうしているかを
聞いてみました
片付けた
実家の部屋は
いとこが帰った後
結局 母が使うことに
なったんですよ
私は今
実家近くで
一人暮らしです
母は私に感化されて
片付けを始めたけど
まだまだ散らかってて
だから今は
私の部屋を寝室として
提供してるんですけど
悪いわねぇ〜
いえいえ
結果
めちゃくちゃ
体調が
良くなったそうです
マジか
母は以前から
自分のことを
私ったら
短時間しか
眠れない体質
みたいなのよね…
疲れが
取れないわ〜
って言ってたん
ですけど
大丈夫?
今思うと
片付いてない部屋で
体を伸ばして
眠れてなかったことが
原因じゃないかと…
う〜ん…
苦しい…
ホコリっぽい…
なるほど…

今は体を伸ばして ぐっすり眠れてるようで 本当に良かったです
うんうん
現在 私は 一人暮らしを してるんですけど 片付けに対する 意識はかなり 変わりました
1K
狭小
大量に物を 捨てた経験から 物の捨て方に 詳しくなったので 捨て方が わからないゴミを 溜めちゃうことが なくなったし
スプレー缶は 中身を抜いて 水曜日に 出す♪
後々処分が 面倒になりそうな物を 「念の為」持ち帰ることも なくなりました
似合うと 思うよ〜 あげようか？
服は足りてるから 大丈夫〜
以前なら
「念の為」 もらっておく
片付けで ダメになった物を たくさん見た時 大切な物だと 思って持ってたのに 全然 大切に 出来てなかったなと 思って…
大事な コレクション だったハズ なのに…
カビで ボロボロ…
以前は物を 「増やすこと」で 生活のクオリティを 上げようとしてましたが
今は物を管理できる量に 「減らすこと」で 生活のクオリティが 上がったと思います

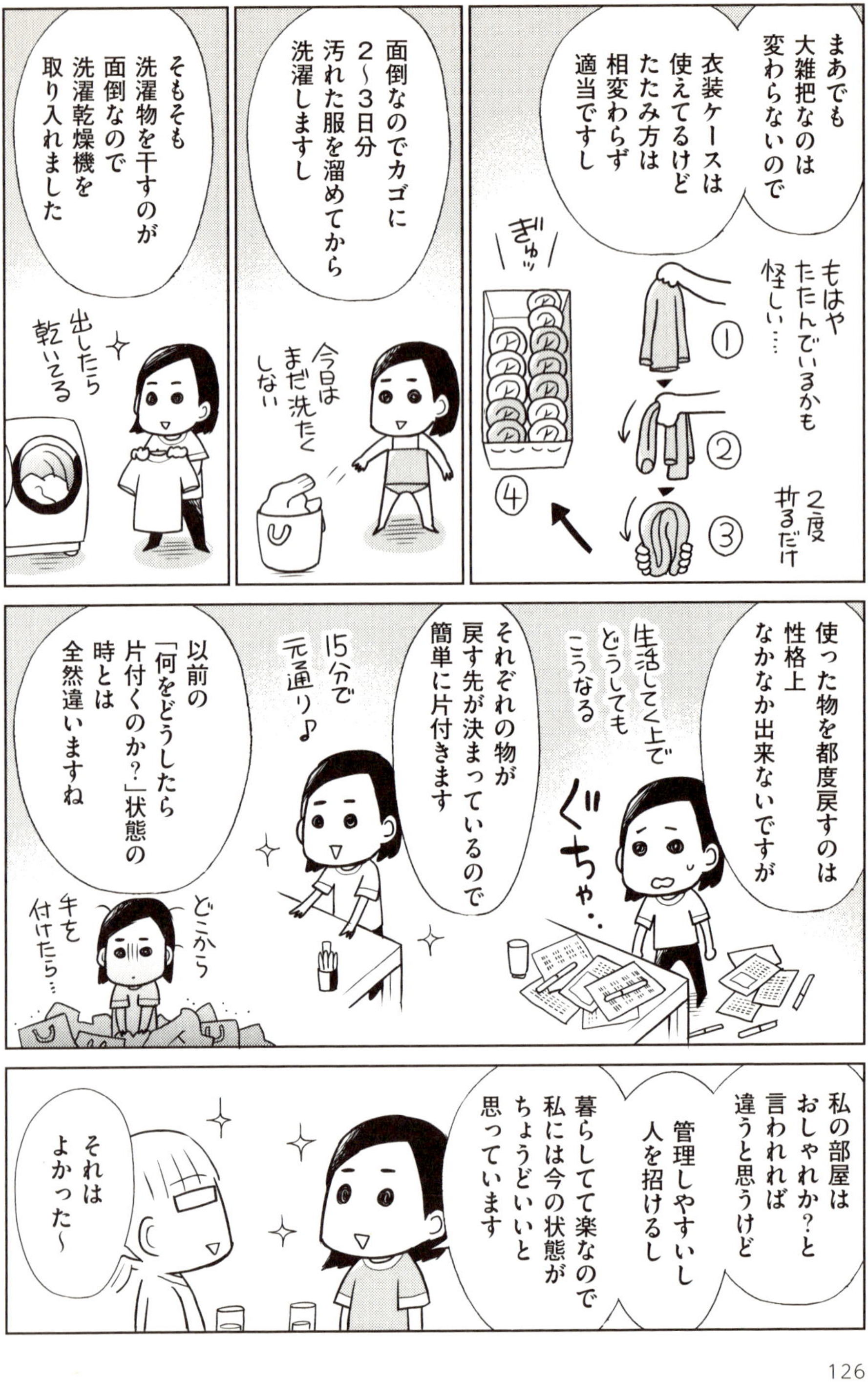
まあでも大雑把なのは変わらないので
衣装ケースは使えてるけどたたみ方は相変わらず適当ですし
もはやたたんでいるかも怪しい…
①
②
③
④
2度折るだけ
ぎゅッ
面倒なのでカゴに2〜3日分汚れた服を溜めてから洗濯しますし
今日はまだ洗たくしない
そもそも洗濯物を干すのが面倒なので洗濯乾燥機を取り入れました
出したら乾いてる
使った物を都度戻すのは性格上なかなか出来ないですが
生活してく上でどうしてもこうなる
ぐちゃ…
それぞれの物が戻す先が決まっているので簡単に片付きます
15分で元通り♪
以前の「何をどうしたら片付くのか?」状態の時とは全然違いますね
どこから手を付けたら…
私の部屋はおしゃれか?と言われれば違うと思うけど
管理しやすいし人を招けるし
暮らしてて楽なので私には今の状態がちょうどいいと思っています
それはよかった〜

Mさんのその後

Mさんにも
その後どうしているかを
聞いてみました
よく片付け本とかのアフターでも見るけど
マジで仕事がはかどるようになったよ
すごいじゃん!
部屋が汚かった時も不便って自覚はあんまりなかったんだけど
そもそも片付いていた時がなかったので
これが普通
椅子に色んな物がかかってて重くて動けなかったんだな〜とか
姿勢が変えられない…しんどい…
これに気づけない
ギッ
ギッ
ドアが開かないからフットワークが重かったんだな〜とか
あ、荷物を宅配に出さなきゃ…まあいっか後で
欲しい資料がすぐ見つからないから作業がその都度中断してたんだな〜とか
今ならすごくわかるのね
あーもー
あれがないと進まないのに〜
それが全部解消されたからフットワーク軽いし集中が切れにくくなったよ
片付いてるって重要だったんだねえ
資料は…あった!
シュッ
うんうん
あとすごく嬉しいのがコレクションがちゃんとコレクションになったことかな
と言うと?

プリザーブドフラワーが好きで集めてて
でも店頭にあるとかわいいのに部屋に飾るとイマイチって思ってたんだけど
イマイチ…
物のスキマに展示してる
コレクションは相応の扱いで飾ると全然違うんだねえ
ちゃんと飾られてると見てるだけでめちゃくちゃテンション上がるんだ〜
それはよかった
………
私には
1つ気になっていたことがあった
ねえ
ん?
1日目に床にある物全部を「いるもの袋」にまとめる時
Mさんはその方法に結構抵抗あったみたいだったよね
私は自分が「片付けしながら収納」してずっと失敗してきたから
そうなってほしくない気持ちもあって押し切った部分があったんだけど
なんで何度も片付けてるのに本が納まりきらないんだろう…
実際やってみてどうだっただろう
うーん

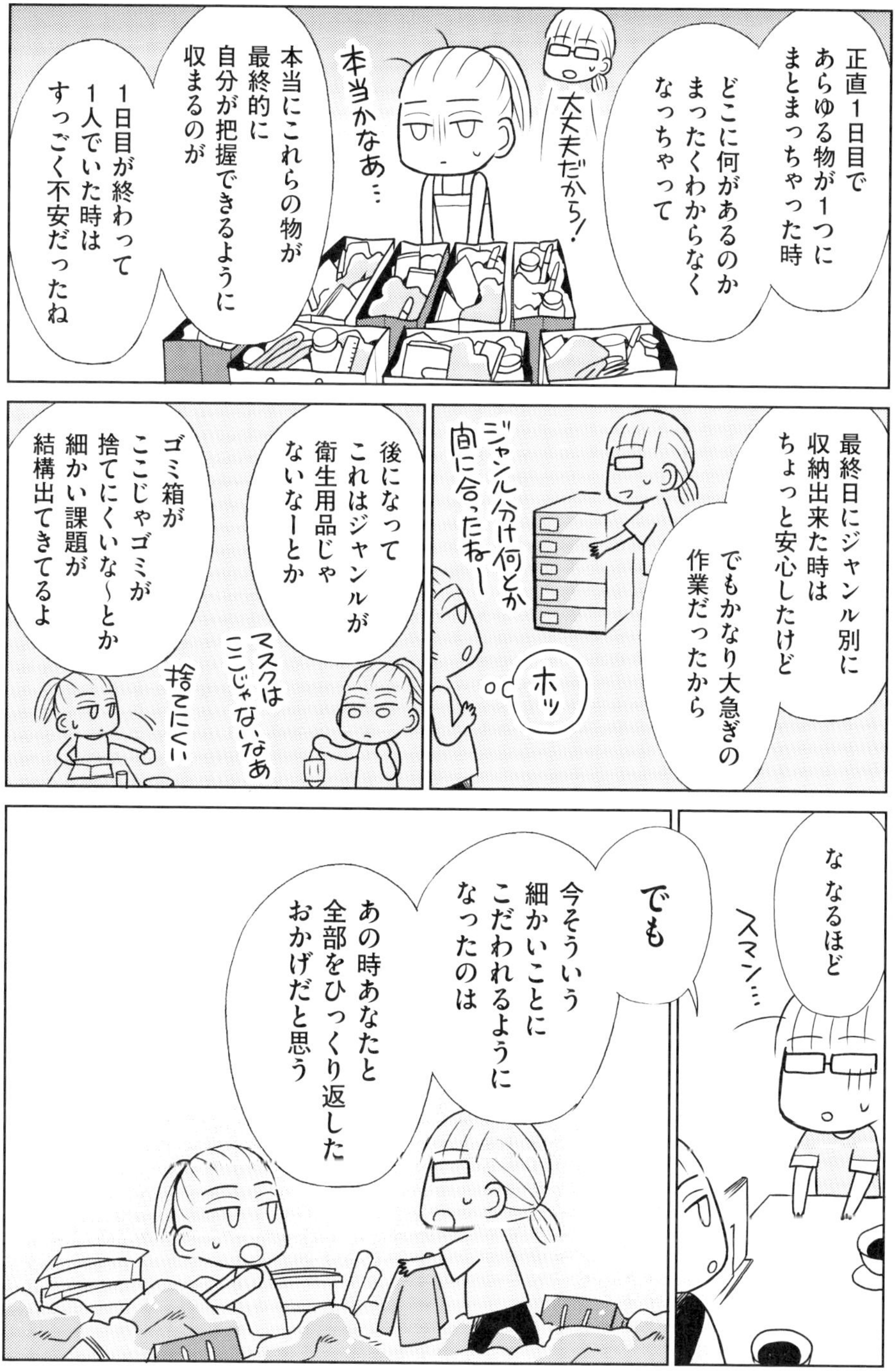
正直1日目で
あらゆる物が1つに
まとまっちゃった時
どこに何があるのか
まったくわからなく
なっちゃって
大丈夫だから！
本当かなあ…
本当にこれらの物が
最終的に
自分が把握できるように
収まるのが
1日目が終わって
1人でいた時は
すっごく不安だったね
最終日にジャンル別に
収納出来た時は
ちょっと安心したけど
でもかなり大急ぎの
作業だったから
ジャンル分け何とか
間に合ったねー
ホッ
後になって
これはジャンルが
衛生用品じゃ
ないなーとか
マスクは
ここじゃないなあ
ゴミ箱が
ここじゃゴミが
捨てにくいな〜とか
細かい課題が
結構出てきてるよ
捨てにくい
ななるほど
スマン…
でも
今そういう
細かいことに
こだわれるように
なったのは
あの時あなたと
全部をひっくり返した
おかげだと思う

今 思い返してみれば
あの片付けをする前の部屋は
細かいこと何度やっても
すぐ元通りになってたもん
全部リセットするのは
すごく勇気や体力が
必要だったけど
そのおかげで今
細かい配置や収納を
ブラッシュアップする
余裕が出来たんだよ
だから私には
あのやり方が
あってたと思う
ありがとう
……
うん……
こちらこそ…
私は
泣きました

部屋をひっくり返して
散らからない部屋に
作り変えるのは
大変な作業です
全部引っ張り出して
徹底的に捨てて
ジャンル分けして
収納して
しかしそこで
自分の性格にあった
収納環境とルール作りが
出来てしまえば
出し入れしやすくしたり
見やすくしたり
自分にあった収納具を取り入れたり
片付いた部屋を
維持することは
決して難しいことでは
ないと信じています
ここまで
読んでくださった
皆さま
プライベートな部分の
公開を許可してくれた
AさんとMさん
本当に
ありがとうございました
本書が少しでも
片付けが出来なくて
困っている方の
助けになれば
幸いです

あとがき

ここまで読んでいただき、ありがとうございました。
なぎまゆです。

元・片付けられない人だった私が片付けられる人に
変われたのは、大雑把な性格を几帳面に変える
「努力」をしたからではなく、大雑把なりに片付いていられる
「工夫」をしたからだと思っています。

それは自分の中で完結していた事だったのですが、
偶然友人の部屋の片付けを手伝わせてもらったことで
その時の思いが蘇り、それを漫画にして
WEB公開させてもらったことで、
同じように片付けが苦手で悩んでいる方たちと、

思いを共有することが出来ました。

そして今回、書籍化をさせていただいたことで、
さらにその輪を広げることが出来ることを、
とても嬉しく思います。

ここまで読んでくださった皆様、
相談に乗ってくれた友人たち、
書籍化を実現してくださったKADOKAWA様、
そして私の思いを細かく汲み取って
最後まで真摯に対応してくださった担当のM様に、
心から感謝をしています。

本当にありがとうございました！

STAFF

ブックデザイン
坂野弘美

DTP
小川卓也（木蔭屋）

校正
齋木恵津子

営業
大木絢香

編集長
松田紀子

編集担当
松本崇明

「ちゃんとしなきゃ！」をやめたら
二度《にど》と散《ち》らからない部屋《へや》になりました

2018年12月27日　初版発行

著者／なぎまゆ

発行者／川金　正法

発行／株式会社KADOKAWA
〒102-8177　東京都千代田区富士見2-13-3
電話　0570-002-301（ナビダイヤル）

印刷所／図書印刷株式会社

ISBN 978-4-04-065444-7　C0077

KADOKAWAのコミックエッセイ!

●定価1000円(税抜)

輝夜月のルナマンガ!

輝夜月　相島 桃志郎

Twitterでのファンやブイチューバーたちとの交流や、
輝夜月の誕生秘話をつづったオリジナルマンガ「輝夜月のかぐや姫」、
そして輝夜月本人の描き下ろしマンガも収録!
バーチャルの世界から彗星のごとく現れた月ちゃんの
新感覚コミュニケーションコミック!

●定価1000円(税抜)

コミケ童話全集2

おのでらさん

童話の主人公もコミケに参加したい!
ペンタブを拭いたら魔神が登場?
ウサギとカメが新刊入稿の早さで勝負?
雨にも負けず、風にも負けず、いくぞ有明の城へ!
ネットで話題の「アリス式睡眠法」のお話も収録!
『コミケ童話全集』待望の第2弾

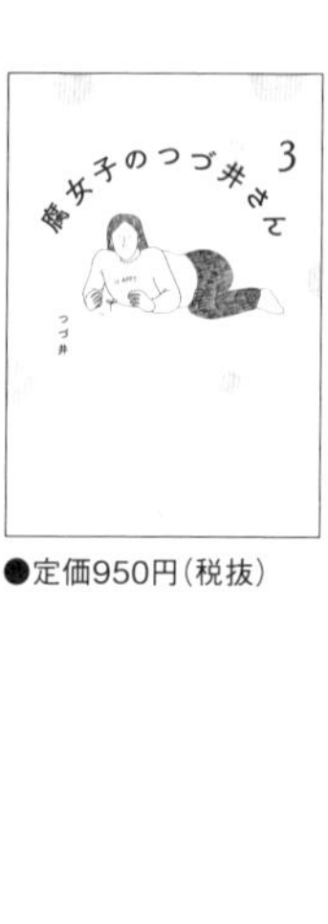

●定価950円(税抜)

腐女子のつづ井さん3

つづ井

大反響シリーズ30万部、衝撃の腐女子コメディー第3巻がついに刊行!!
webで熱狂の渦を巻き起こした「地獄のクリスマス選手権」や「推しと目が合った時に浮かぶ言葉」などの人気エピソードはもちろんのこと、「つづ井さんが舞台沼にハマった話」や「腐女子がたどり着いた哲学」ほか、単行本でしか読めないエピソードを50ページ以上描きおろし! つづ井さんと愉快な仲間たちの限界を超えた日常をつづるエッセイ漫画!! 〈「第20回 文化庁メディア芸術祭」推薦作品〉

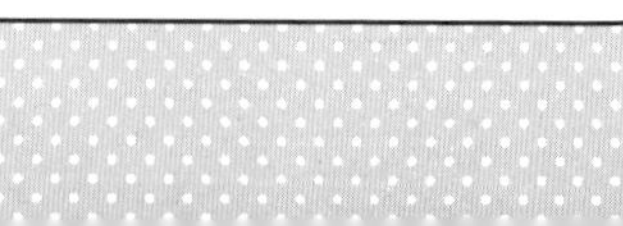

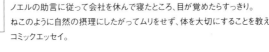

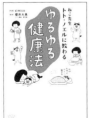

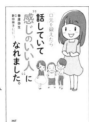

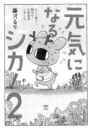

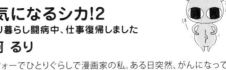

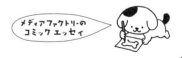

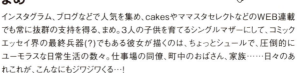

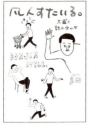

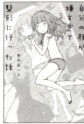

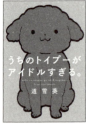

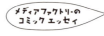

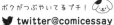

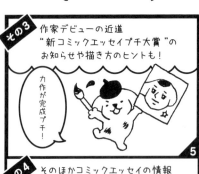

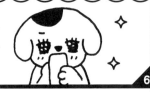

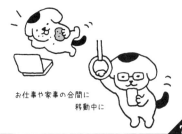

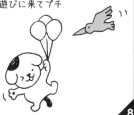

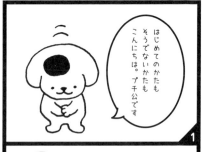

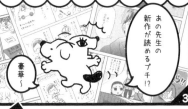

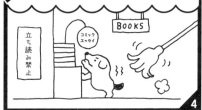